U0120312

祖荫下

Under the
Ancestors' Shadow

*Chinese Culture
and
Personality*

传统中国的亲属关系、人格和社会流动

[美] 许烺光

著

王燕彬 译

九 州 出 版 社
JIUZHOUPRESS

献给拉尔夫·林顿（Ralph Linton）

　　此书的完成和出版得益于维京基金会（Viking Fund, Inc.）的资助，该基金会由温纳-格伦（A. L. Wenner-Gren）创建和捐资，致力于推动科学、教育以及慈善事业。维京基金会并非本书的作者或出版方，因此，基金会虽然提供了支持，但不对此书的任何观点和内容负责。

目　录

前　言

在本书中，我致力于三件事。首先，我描绘了中国西南的一个小型半农社区（a small semi-rural community），分析了它的文化，尤其是其家庭模式和宗教生活。其次，我探讨了这一文化在构成此社区的诸多个体的人格形成中所起的作用。最后，在描述完该地的若干人格结构（personality configuration）之后，我指出它们适用于解释过去和现在的整个中国社会。

关于中国文化的统一性（unity），仍有待进一步研究，我相信日后的工作将做到此点。当下我只能说，我确信自己所研究的社区的基本社会结构（essential social structure）也是整个中国的典型结构。这不完全是一个假设，因为有证据表明（在此我暂不赘述以免增加读者负担）：中国文化的统一性，与中国文化的多样性这个概念一样，在作为前提条件时至少具有同等合理性。[1]

本书所依据的田野材料收集于 1941 年 7 月至 1942 年 6 月，以及 1943 年 7 月至 9 月。当时我任教于昆明的国立云南大学。这一时期的田野工作极其困难。通货膨胀导致我需要不断想方

---

[1]　关于亲属关系结构的统一性，参见 Hsu, "On a Technique for Studying Relationship Terms", *American Anthropologist*, XLIX, pp. 618–624。

设法解决经费问题。我到西镇（West Town）时，当地物价约为1937 年物价的 15 倍。在我的第二次访期将尽之时，物价已越200 倍之巨。此外，西镇虽从未落入敌手，但仍不可避免地受战乱波及。在我的整个调查期间，政府一直在强制征兵，多数家户由于不了解征兵的目的，试图逃脱兵役。在此情况下，任何外来人，尤其是四处打听的人，便成了他们怀疑的对象。并且，我第二次来时，缅甸已经陷落，这让战火空前迫近西镇，局势愈发紧张。

在缪云台先生和已故的袁丕济博士领导的云南省经济委员会的慷慨援助下，通货膨胀导致的资金困境得到了极大改善。由于我在避难至此地的教会学校里担任临时教师，这一定程度上改善了我难以获得信任进而建立融洽关系的困难处境。大多西镇人显然认为，我虽然对当地宗教习俗仍有成见，但至少不是政府派来打探消息以抓捕更多壮丁的密探。

就我的研究而言，通货膨胀其实并不完全是坏事，因为它把学者的生活水平降到了与劳动者、小商贩持平的境地（如果不是更低的话），从而消弭了人们对于学者的敬畏之情以及面对知识分子的传统自卑感。事实上，那时学者们常常是人们的同情对象，而他们亦当得起这同情。因此，我在田野调查过程中获得了许多机会，得以与那些此前几乎不会信任我的人建立紧密关系。

尽管如此，我无意声称西镇人总把我当作团体中的一员。我采用的都是常见的人类学研究方法：观察，倾听，参加各种我能接触到的宴会、典礼、仪式和家庭聚会，并考察人们互相矛盾的说法。虽然人们以同情之心待我，但我始终是外来人，尽管就体质特征而言，我与社区中的其他人着实无异。

　　我要感谢许多人，没有他们的帮助，此书决计无法完成；我也要对斧正此书的人致以谢意，没有他们，此书也无法精益求精。费孝通博士是我在国立云南大学的同事，本书标题即得益于他的指教。同单位的同事史国衡先生和瞿同祖教授，也曾就书中材料和我进行了多番极富成果的讨论。史先生生长于湖北乡村，对观我的发现和他家乡社区的风俗，这种比较本身就极具启发性。感谢拉尔夫·林顿博士友好的关切和对于手稿的宝贵批评，本书的出版离不开他的推荐。塔尔科特·帕森斯博士（Dr. Talcott Parsons）、克莱德·克拉克洪博士（Dr. Clyde Kluckhohn）和罗伯特·雷德菲尔德博士（Dr. Robert Redfield）阅读了本书初稿，他们的建议和批评令我受益匪浅。我要感谢维京基金会，其资助使我得以完成大部分书稿，并使手稿出版成为可能。感谢维京基金会的研究部主管保罗·费约什博士（Dr. Paul Fejos）对我的鼓励，以及对我初到异国所遇困难的理解。感谢魏特夫博士（Dr. K. A. Wittfogel），我们就中国社会的结构和功能进行了多次讨论。纽约州雪城的保罗·汉森（Paul T. Henson）少校和我在天津的哥哥许克光先生在我的田野工作和写作期间慷慨地给予我经济支持，康奈尔大学研究生院的沃茨·坎宁安（G. Watts Cunningham）院长提供了一项资助"地方志"（District History）分析的研究经费。现正于康奈尔大学攻读研究生学位的乔伊特·赵（Jowitt Chao）和吴志伟（Chihwei Wu）两位先生，在从"地方志"摘录必要资料的艰巨任务中提供了极大帮助。我还要感谢瞿同祖教授的夫人帮助书写了许多图表中的汉字，劳雷尔·瓦格纳小姐（Miss Laurel Wagner）对图表的贡献，艾达·琳恩小姐（Miss Ida Lyn）和尤金妮亚·波特小姐（Miss Eugenia Porter）在编辑手稿和出版此书时的卓越工作。最后，我要感谢我的妻子许董一男（Vera Hsu），感谢她一直以来对我的莫大帮助。

许烺光

西北大学

美国伊利诺伊州　埃文斯顿

1947 年 11 月

第一章

绪　论

我十四岁时，曾听父亲与长我二十岁的长兄讨论熟识人家的家业兴衰及其境遇。兄长总结道："资财是公家（the nation）之利，私家（every family）只是暂时拥有，实则周转不息。"我已经记不得父亲的回答，但从那时起，我意识到家族的命运沉浮，不仅在我熟悉的周遭世界如此，在我几无所知的其他社区亦如此。

颇有意思的是，杨懋春博士在描绘自己于斯长成并有亲身感知的华北农村老家时，有如下观察结果：

我们村没有一家能保有地产规模不变超过三代四代。一个家庭往往辛勤劳作、省吃俭用，直至能买地置业。第二代承袭此道，继续购买田产，使得家族兴旺富庶。而第三代便开始耽于享乐，入少出多，他们不再添置新的土地，渐渐地还开始变卖祖产。到第四代，土地卖得更多直到家族一贫如洗。如此循环甚至无须百年即可完成。这挥霍无度的一代过世之后，他们的孩子再次开始积攒财富。这些人出身穷苦，深知拮据为何物，他们认识到努力劳作和勤俭节约对于恢复家族财运之必要。此时原来的大家族已经不复存在，取而代之的是若干贫困的小家庭。其中有些小家庭开始购置土地。于是同样的循环再次开始。[1]

就资源和人口的比率而言，在给定技术条件下，这一观察结果缺乏可信度，几近于天真。因为人口过剩在中国是显而易见的事实。即使所有可耕种土地在农民中均分，人均土地占有量也不足半英亩[2]。[3] 仅靠"努力劳作"和"勤俭节约"，恐怕难以使家族繁荣兴盛。但当我们考虑到这种不利境况对所有家庭来说都是同样的，我们就不难肯定上述有关家族变迁的观察。

并且，家运兴衰不仅体现在农民身上。这在帝国的显赫家族那里也十分显著。有些家族在几代人内其兴也勃焉，但其中大部分其亡也忽焉，几代之内就跌为寻常百姓家。许多家族都是在两代人内起起落落。

为了寻找文献证据，我查阅了一些典籍，包括《历代人物年里碑传综表》[4]和《清代名人传略》[5]。第一本书包含超过12000项条目，我比较了其中所有同一姓氏的人物的籍贯。如果两个姓氏相同且籍贯相同的人，年龄差在15—60岁之间，我便假定两人存在血缘关系——可能是父子或祖孙关系。结果表明，符合此标准的人数少得惊人。[6]

第二本书提供了在一个王朝（清朝）内约700人的传记，以及关于他们的出身、生平和功业等详细材料。对这些数据的

1　Martin Yang, *A Chinese Village*, New York, 1945, p.132.

2　1英亩约合4046.9平方米。——编者注

3　G. B. Cressey, *China's Geographic Foundations*, New York, 1934, p. 395.

4　姜亮夫，《历代人物年里碑传综表》，上海，1937。

5　Arthur W. Hummel, ed., 2 vols., Washington, D. C., 1943.

6　详见附录四。

研究表明，在任何一个家族中，尤其是在直系亲属之间，才智，特别是政治声望很少能**持续**两代以上。父子二人都杰出到足以被列为两个单独条目的情况就更为稀少了。[1]

当然，有人可能会提出反驳，认为这两本书仅仅记录了地位尊崇之人，而忽视了地位低微的群体。我们可以通过对地方志中所载传记的研究来回应这一反驳，该研究详情载于附录四。

尽管这些记载有其局限性，我们却不能不为它们揭示的事实所震惊，尤其是考虑到它们所处的文化——时至今日，在这

1　中国历史研究权威卡尔·奥古斯特·魏特夫所进行的一项相关研究最为瞩目，其过程和基本结论如下："如果我们能够明确这些官员中大部分人的父亲和祖父的社会地位，尤其是科举制度确立之后的情况，将会获得具有重大意义的统计数据。在我们的朋友兼临时助理王毓铨的指导下，一群历史系的学生共同进行这项工作。为了类比，他们还整理了唐代之前的汉、晋两个朝代的传记，以及唐、宋、元、明、清的传记文集，多来自**朝代史**（Dynastic History）。最后的研究还有待进行，但我们的初步分析似乎已基本证实了中国学者之前定性研究所得结论。一些'新鲜血液'可能是以科举制度的方式从社会底层吸收的；但整个统治集团（ruling officialdom）基本是从自己的阶层中进行再生产。"（*New Light on Chinese Society*, an investigation of China's socio-economic structure, Institute of Pacific Relations pamphlet, New York, 1938, pp. 11–12；已获得太平洋国际协会的许可）表面上看，魏特夫博士的发现似乎与我刚才概述的观点——家族在短短几代内兴衰起落——相矛盾。但我与魏特夫博士的深入讨论则可以说明下述两点。第一点，如果我们用字母 A 表示一名官员，用字母 O 表示一个无名之辈，魏特夫博士的调查表明，几代人之间的模式要么是（Ⅰ）A-A 或者 A-A-A，甚至 A-A-A-A，要么就是（Ⅱ）A-O-A 或者 A-O-O-A，甚至 A-O-O-O 和 O-O-O-A。有时，这种符号指代的个体并非直系亲属，例如，在 A-A 或在 A-O-O-A 中，第二个 A 可能是第一个 A 的兄弟的儿子，或第一个 A 的第一代堂兄弟的曾孙。魏特夫博士认为 A-A-A 的发生频率和 A-O-O-A 的相近，由于缺乏数据积累，尚需进一步的分析。第二点与显赫程度有关，调查对象因其显赫身份而均可谓"统治集团"阶层成员，但他们在显赫程度上的差异甚巨。其中不仅有划分为不同官职等级的父子之子，还包括若干无官职的文人。在这些先决条件之下，我们可以得出结论，魏特夫博士的研究经最终分析和阐释后可能会证明他的观点，即统治集团作为一个**整体**基本是自我产生的，但同时它也支持而非反对我目前的观点，家族总会兴衰沉浮，尤其是在直系亲属脉络中。

种文化中，对于多数天资聪颖且追求功业的人而言，人生唯一的重要目标仍是在官僚体制中取得上位。当我们意识到政治地位并不取决于人地比例（man-land ratio），而是强烈地依赖于影响力，尤其是家族影响力时，这些史录所揭示的事实就更为惊人了。正如古谚所云，"一人得道，鸡犬升天"。

如此，我们便面临一个悖论。一方面，社会和政治爬升机制的内在倾向促使显要的家族延续荣光直至无限，特别是在直系亲属之间。另一方面，这些显赫的家族实际上往往在较短的时间内便衰落了。

为什么家族会兴衰沉浮？我仔细地分析了其中一些家族，发现那些导致家族兴盛或衰落的成员的行为表现形成了鲜明的对比。兴家者往往谨慎、理性、节俭、勤劳和诚恳，而败家者则多虚荣、冲动、奢侈、散漫和傲慢。随后，我研究了朝代的兴衰，查阅了一些旨在阐述所谓中国历史之循环的文学作品。著名历史小说《三国演义》的作者在其杰作的开篇便展现了一种宿命论式的洞察："话说天下大势，分久必合，合久必分。"(The conditions under heaven are such that, after a long disunity, there will be unity; after a long unity, there will be disunity.) [1]

采用社会科学方法的历史学家在这一主题上基本分为两个流派。一派以魏特夫博士为主，认为中国社会由三部分组成：（1）国家或统治阶级；（2）官僚集团，以及与其共生的阶层；（3）百姓或农民。这派观点是，随着时间推移，社会的第二部分会倾向于牺牲其他两部分来为自己谋利，从而导致普遍危机

---

[1] 邓罗（C. H. Brewitt-Taylor）对这段话有不同的翻译："Empire wax and wane; States cleave asunder and coalesce."（《三国志》或《三国演义》，上海，1925，I，1）这个翻译显然和我的翻译含义不同。

和王朝覆亡。用魏特夫博士自己的话来说：

> 由此产生了一个经济–政治的恶性循环：新型私有财富累积，官员、"乡绅"、巨贾私有田产累积，田赋减少，国力疲弱，耕地危机，内部危机，外部危机（入侵），国家危机。尽管这一恶性循环会因为"朝代"兴替而得到周期性缓解，但是从未被真正克服。[1]

另一派学者的观点则是基于人口过剩这一相对较为明显的事实，提出时间更早，故而得到了更广泛的认同。他们的结论是，天下承平日久，人口增加，但资源，即土地和技术，却基本保持不变。当人口过剩超过临界点，动乱时期随之而来，饥荒、洪涝、瘟疫、内战和无处不在的匪患又使动乱加重。这导致人口大幅度减少，使得国家在新的朝代重新获得一段和平时期。[2] 有一位作者谈到，他越是研究中国社会，就越是信服著名的马尔萨斯人口法则。[3]

无可否认，这两种进路各有其道理，但若按照我的思路则有一个新的要素。我仔细考察了统治者及其官僚机构的情况，发现王朝的开创之君与其先辈面对自身问题时通常展现出智慧和洞察，在治国理政上也极其勤勉，兢兢业业。而失国之君及其前任则显然缺乏对于问题的良好判断力和理解力，他们要么

---

1 K. A. Wittfogel, "The Foundations and Stages of Chinese Economic History," *Zeitschrift für Sozialforschung*, IV, No.I (1935), p. 53. 这一理论由王毓铨首次在英文著述中阐明，见 "The Rise of Land Tax and the Fall of Dynasties in China," *Pacific Affairs*, IX (June, 1936), pp. 201–220。

2 参见 Ta Chen, *Population in Modern China*, Chicago, 1946, pp. 3–6。

3 Walter H. Mallory, *China; Land of Famine*, New York, 1926.

荒淫残暴，要么软弱无能。前者通常有一班贤臣良将；后者则主要依赖宦官后宫，对诤臣却闭塞天听，甚至残酷杀害。在这样的统治下，纵使百姓穷困潦倒，哀鸿遍野，皇室及官僚在花销上仍有增无减；统治者和他的宠臣或是没能意识到形势之严峻，或是故意置之不顾。

因此，在王朝倾颓之际，不仅可以看到官僚干扰田赋以及人口过剩等问题，统治者及其臣子的羸弱也同样显而易见。后者所起的作用实在不能小觑。

从这个角度来看，小型社区中普通家族的盛衰、庙堂上的宦海沉浮，乃至帝王统治的兴亡，都呈现出共同的特征。兴盛的家族群体通常由拥有一系列人格特质的个体组成，而衰落的家族群体则往往由具有不同的另一系列人格特质的个体构成。

为什么组成没落家庭的多是软弱人格，而兴旺家庭的成员则具有坚强特质？就统治阶级而言，继承人和其余年轻子嗣过早地接触后宫和宦官，至少部分造成了其软弱无能。但在普通家族中并没有这样现成的答案。这个问题困扰我多年。不久前我意识到，在中国一些地区，富裕之家和贫困之家在社会行为（social behavior）上存有差异。富贵人家和书香门第往往比穷苦家族更加执着于社会所认同的大家族理想；这一点明确地解释了富人中大家族作为一个整体和穷人中家庭作为一个整体，两者之间的鲜明对比。[1]

以此差异为出发点，我开始对西镇的文化进行分析。我们或许可以在这里找到长期未决的问题的答案——与其说是富人

1　F. L. K. Hsu, "The Myth of Chinese Family Size," *American Journal of Sociology* XLVIII, (May, 1943), pp. 555–562.

和穷人社会行为之间的差异，不如说是同种社会行为因为经济和身份的不同而导致的结果上的差异。此处所言的社会行为以"祖荫"为核心。[1]

在西镇文化中，祖荫对个体人格最重要的影响因素有两点：权威和竞争。前者包含了父子一体（father-son identification）和大家族理想；后者就以下三项或其中一项进行：（1）共同祖先的荣耀，（2）宗族内某特定支系的荣耀，（3）祖先后代中最受青睐或最显赫的地位。

父子一体和大家族理想互为支撑。二者共同造就的社会体系（social system），彻底剥夺了年轻一代全部的独立意识，同时又使他们可以**分享**源于近祖或者远祖的财富或荣耀。这些因素也为某种教育奠定了基础，这种教育依赖于过去，旨在以长者的形象塑造年轻人，并鼓励这里的年轻人比欧美的青年更早地进入成人世界。

这种世代间的父子一体及教育过程的必然结果是，富人的儿子像他的父辈一样富有，穷人的儿子和他的父辈一样贫穷。富人的儿子不仅继承父亲的财富，还享有他的权力和威望。穷人的儿子除了承袭父辈的贫困，还熏染了他的卑微或低贱。和父亲一样，穷人的儿子必须辛苦劳作以求所需。他们不得不和父辈们一样为生存而挣扎。富人的儿子处境截然不同，他们的父辈可能通过劳作博取了今日的地位，但因为害怕有损父母颜面，他们自己不能通过劳作获得所需。对富人而言，儿子不用工作是他们社会身份至关重要的一部分。在这种情况下，年轻

---

1 "荫"一词具有喻义。正如后文解释的，个体脱离祖先便会失去社会性存在（social existence）。个人的价值和命运不仅与祖先们息息相关，而且是先人所作所为的体现和结果。由此可以说，个体生活于祖荫之下。

一辈没有任何表达自我的有效途径。现在，他们和自己的父亲一样，想要什么都唾手可得。事实上，无论他们自己是否欲求，财富、权力和声望都会纷沓而至。

这些差异在影响个体人格的第二个要素上最为显著，这种文化所定义的竞争不过与权威一脉相承，并进一步扩大了其影响。

无论贫富，西镇人的竞争都十分激烈。但穷人仅是为了生存而竞争，富人则远不止于此，他们是为了权力和声望而争斗。这就导致了两点差异。第一点，穷人为谋生计疲于奔命，几乎无暇顾及旁的事，因而祖先意识薄弱。至少，他们不以告诉祖先自己的现状为荣。富人生活优裕，可以轻易过上自身所欲求的生活。他们过得快活，主要的快活之事或是光宗耀祖，或是让子女在亲族中出类拔萃，或两者兼而有之。

第二点差异其实已经包含在第一点中。他们不仅在祖宗面前竞争眷顾，也在家庭内部竞争。贫穷家庭的年轻一辈不仅对远祖毫不关心，也没有动力去争取父辈的认可。穷困的长辈亦没有任何物质财富可以留给年轻人，而富裕的父亲则可以用纯粹物质的方式来表达自己的满意和不满。

因此，虽然父子一体同样存在于贫富之家，但经济地位的殊异导致富裕的年轻人和贫穷的年轻人形成两种类型的人格：前者高度**依赖**长辈和传统权威，后者高度**独立**于长辈和传统权威。终其一生，穷人的孩子必食力而得，富人的孩子则坐享其成。

这一现象不仅存在于小社区的人们中，对于大地方的居民亦是如此；不仅平民百姓如此，达官显贵也别无二致。

研究方法

在以下各章节中，我试图描述和分析西镇中此类[1]人格类型和其他人格类型的文化背景。在此之前，需要先简述一下研究方法。"人格"一词意指"个体的心理过程和状态的有组织集合"[2]。这一定义强调个体的独特性（what is unique）。换言之，该集合的特征可为若干个体所分有。在此情况下，便产生了"人格结构"，如果这种人格结构的要素在一种文化中几乎普遍存在，我们就称之为"基本人格结构"。如果一种人格结构被社会特定身份群体中的大多数人所分有，即为"身份人格结构"。[3]身份人格结构是基本人格结构的某种变体，二者并非互相对立。

然而，要明确和系统化不同文化背景下不同类型的人格结构的内涵，并将其纳入某种分类秩序中，是极其困难的。非但难以获得清晰图景，反而还会发现彼此共识寥寥。建立普遍有效、具有意义的范畴也殊为不易。克雷奇默、尼采、荣格、斯普朗格、弗洛伊德等人都曾做出杰出贡献。[4]但当我试图将其中一些体系运用到所考察的文化当中时，我发现要么是许多事实被遗漏在外，要么就是以上范畴对于手头问题贡献无多。

我毫不怀疑自己失败的主要原因是我对心理学所知甚少，

1 指上文所述贫富两种。——译者注

2 Ralph Linton, *Cultural Background of Personality*, New York, 1945, p. 84.

3 林顿-卡丁纳（Linton-Kardiner）关于这一主题的论述见 *ibid.*, pp. 129–130。他们使用的术语是"基本人格类型（或结构）"和"身份人格类型"。出于某一原因，我有意采用了略有不同的两个术语。他们对个体的讨论主要是精神分析式的，与心理潜能和根据投射系统行动的能力有关。我目前的工作主要集中在社会学领域，关注的是制度及其与由外在行为体现的人格规范的关系，使用完全相同的术语可能会引起读者困惑。然而，归根结底，这两组术语有基本的共同点。

4 奥托·克兰伯格（Otto Klineberg）对这些人及其他科学家在这方面的贡献做了精彩的总结和解读，见 *Social Psycology*, New York, 1940, pp. 427–436。

事实上，我在田野时也没有与心理学家或精神分析学家合作。

认识到自身局限后，我便采取另一种研究思路。我不再采用固定的心理学范畴及其固定的内涵来研究文化，而是以人们的行为活动为指南。我以日常用语（common-sense denominator）代替心理分析术语。因此，我用的范畴和术语虽不精确，但对于我所要研究的文化更富意义。我的分析和结论也许无法触及最深层的意识，但至少提供了一个合适的视角来观察此文化的所有相关事实。

这一研究路径与阿布拉姆·卡丁纳博士（Dr. Abram Kardiner）[1]的方法有相似之处，它们都在类型特征的描述和解释上具有相当的灵活性。但我们又有几个方面的不同。第一，卡丁纳的著作采用弗洛伊德术语，而我当下的研究则没有；第二，虽然卡丁纳意识到任何一种文化的全部内容都不止宗教和传说，但每当谈及文化的时候他指的总是这二者。他在相关论述中谈道：

> 根据经验的不同，传说和宗教中**投射系统**（projective system）的产物也不同。这就给了我们第一条线索，用同样的方法来研究更多的现象。
>
> 因此如果我们再考察上一段落中的关联，会发现如果儿童时期的教育构成了制度的一级，宗教和传说就构成了另一级。我们把前者称为初级制度，而把后者称为次级制度。此外，个体的童年经历也会创造一些东西，这些东西构成了后来创造传说和宗教的投射系统的基础。[2]

1　*The Individual and His Society*, New York, 1943, and *The Psychological Frontiers of Society*, New York, 1945.

2　Kardiner, *The Psychological Frontiers of Society*, pp. 23–24.

虽然钦佩卡丁纳博士的学术建树，但我必须指出，文化的发展是一件复杂的事情，不能用任何一个简单的准则来涵盖。如此简单的准则绝不适用于西镇，西镇既长久浸淫于文教遗风之中，又处在中央政府的影响之下，中央政府严格且持续地在全国推行其品行准则。

但卡丁纳博士并非完全没有意识到其论证的缺陷，即他的论证试图用文化解释基本人格类型，又用基本人格类型解释文化。我们再引述一段他的话：

> 那么关键的问题就变成：是什么决定了父母对孩子的态度，进而使孩子受到具体影响？通常，我们可以说父母的态度是由社会组织和谋生手段所决定的。[1]
>
> 此说法确乎无误，但严格来说，我们还必须加以若干限定条件，否则仍可能大失所望。这些条件对文化变迁至关重要。
>
> 如果我们试图定义那些决定父母态度的社会经济条件，显然我们会立刻陷入社会起源的问题。**这是一项毫无希望的工作**，关于此点，诸理论无法代替说明性的证据。[2]（黑体是笔者所加）

卡丁纳博士用以下的话来结束其阐释：

1　Kardiner, "The Concept of Basic Personality Structure as an Operational Tool in the Social Sciences," in Ralph Linton, ed., *The Science of Man in the World Crisis*, New York, 1945, p. 119.

2　*Ibid.*, p. 119.

我们所说明的是，基本人格概念的实践价值不仅是诊断塑造人格的要素，而且为解释这些影响为何如此**提供了一些线索**。[1]（黑体是笔者所加）

有两件事可以让精神分析学家避免在"一项毫无希望的工作"和"一些线索"之间摇摆不定。他本可以采取更合理的理论立场，如拉尔夫·林顿那般，认为文化和人格是一种螺旋式关系。根据这一观点，文化和人格绝不可能完全一致，但彼此又息息相关。[2] 他可以不同时解释文化对人格的影响和人格对文化的作用，而是先致力于其中一个方面以达到更好的效果。如果有人对此方法有异议，认为它人为地将文化与人格这一整体切分开来，那么通常可回应如下：所有的科学工作都或多或少地，将本质是一个整体的体系之中的现象划出一些人为界限。本书的工作是试图确定中国文化对人格的影响——而非人格对文化的作用。

第三，本书的研究也与卡丁纳博士的研究不同。作为一名杰出的弗洛伊德主义者，卡丁纳博士理所当然地认为早期教育至关重要。事实上，他对于投射系统这个概念的强调已经暗示早期教育决定一切。然而人格和文化都是连续的。文化对于人格的影响贯穿人生始终，不会半途中止。正如林顿所指出：

> 任何社会的文化，都通过儿童教育的特定方式，决定

---

1   Kardiner, "The Concept of Basic Personality Structure as an Operational Tool in the Social Sciences," in Ralph Linton, ed., *The Science of Man in the World Crisis*, New York, 1945, p. 121.

2   源自和林顿博士的私下交流。

了其社会成员的深层人格，但社会文化的影响并未止于此。同样地，它为社会成员的特定反应提供模板，从而塑造了其人格中的其他部分。这一后续过程贯穿一生。[1]

在本书中，文化对于个体的影响不仅追溯至婴儿期，还归因到成年期和老年期。人格不只是早期教育的结果，相反，它在文化及其制度中持续发展，并与之融合在一起，因而我们也从此中来阐明它。

田 野

从西镇到滇缅公路无论步行或骑马都只消一天。西镇背山面湖，后山海拔约14000英尺[2]。西镇平均海拔约6700英尺。该地以农业为主，水稻是主要的农作物。但各式商贸也兴盛繁荣，是西镇的经济支柱。西镇的贸易方式既包括集市上本土货物的互通有无，也有和外地大规模的商业合作。

西镇是一个农村集镇。它最早出现在中国历史上是在距今约1000年前的唐朝。现如今，西镇由它南边的一个县政府所管辖。当地的行政首脑称作"镇长"（乡镇的头儿）。理论上，镇长由人民选举产生，再由县长任命。实际上，通常是县长直接拣选一个镇长，民众也就默认罢了。

西镇人口约有1000户，合计约8000人。这些家户被划分为10保，每保约100户。每保有一保长。一保又分为10甲，

1　Lindon, *Cultural Background of Personality*, p. 143; by Permission of D. Appleton-Century Co.

2　1英尺约合0.3米。——编者注

每甲 10 户，每甲又有一甲长。与镇长相比，保长和甲长才更称得上是真正由民众选举产生。

西镇本身没有城墙，看起来并不十分规整。镇内仅一条主街，南北贯通。其余街道皆东西走向，与主街相连，间距不等。几年前镇上修了四个大门，主街两头各一个，东边和西边其中一条街的街尾各一个。这样一来，待到夜晚，镇里雇佣的人持枪巡街时，镇上大部分地方就与外界相隔了。但西镇的居民不全住在四门之内，门外至少有九个明确的群落，每个群落叫作一个村。四门之内，每条街道或一条街道中的各个里巷，也可认为是一个村。

镇长负责镇上的公事。他手下有一支小规模的警察队伍，由镇财政负担。镇上居民的民族起源是个悬案。总体而言，此镇、此县及其治下各个村落是云南白族（民家）的一个聚居地。但在西镇和附近九个村中的八个村，所有住民都坚称他们源自汉族。他们之中还流传着祖辈从中原省份迁往云南的传说，最常见的祖籍是"南京"，但此南京与现在的南京几乎没有相似之处。少数族谱记载他们的祖先来自安徽省。就此关联，19 世纪90 年代初英国人戴维斯（H. R. Davis）少校的观察最为有趣：

> 汉族移民，或以军事征服、屯垦戍边的方式征战至此，或受中国政府之命从帝国他处迁至此省。除此以外，家庭甚至个人往往以农民或商人的身份于非汉族部落定居。无论哪种情况，汉族移民都必定要与原住民通婚，于是说汉语、守汉俗的混血民族就在此生根发芽。几代之后，这个混血民族就会自称为汉人，并愤然反对自身有其他部落血统的说法。

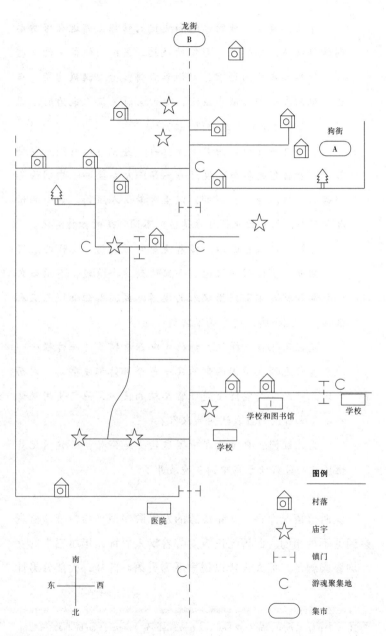

图 1 西镇

　　并且，随着汉族的影响和文化的传播，邻近部落觉察到学习汉语、接受汉人习俗的便利。最终，他们中的一些人开始鄙弃本族的语言、习俗和服饰，并以汉风为荣。当这一观念在他们脑海中成形，他们自称为汉人也为时不远了。一个毫无汉族血统的汉族就形成了。

　　这一过程在中国西部至今犹存。甚至可以看到一些部落正处于转型的各个阶段，……其中大多数……中国西部部落的男性深受汉族影响，以至身着汉人服饰。妇女的情况则不同，妇女的衣饰往往是区分不同部落的独特标记。

　　男性穿汉人服饰后，接着便是学习汉语。几代之后可能连妇女也会学习讲汉语。一旦达到这个阶段，不用多久这个部落就会完全采用汉人的生活方式，当妇女穿上汉人服饰，裹上小脚，就完成了转型……

　　我在倮倮族、撣族、拉祜族中都看到了这一过程……这个过程无疑在中国西部的几乎每个部落都发生着。因而帝国此处的汉人实际上是非常杂糅的民族，他们使用汉语绝不意味着他们自我认同为汉人。

　　毫无疑问，自生活在中国这块土地伊始，汉族同化其他民族的过程便已在中国全境展开了。[1]

就西镇情况而言，文化渗透的发生顺序似乎与戴维斯所观察到的不尽相同。西镇无论男女都着汉人服饰，年届三十的女性均裹脚缠足，但人人皆以民家话为母语。此外，大部分男性

1　H. R. Davis, *Yunnan, the Link Between India and the Yangtze*, Cambridge, 1909, pp. 367–369; by permission of Cambridge University Press.

与较少的女性说带有当地口音的云南方言。

　　无论我们在具体情况上是否同意戴维斯的判断，也无论西镇人究竟是汉人与原住民的混血后裔，还是接纳了汉族文化的纯原住民，都无关紧要。总之，这里的现实与戴维斯的观察合若符契。西镇人坚称自己具有汉族血统，而且会被他人流露出的怀疑所激怒。西镇人强调男女有别，对于未婚女子的贞洁和已婚女性的妇德极为重视。西镇人还把祖先崇拜体系化到令人惊诧的程度。有钱有势的人家，乃至平民百姓都要修建祠堂。家家户户都为挑选风水好的墓地费尽心思。[1]旧帝国自北京赏赐下来的荣誉曾经是尊荣，至今仍受人尊崇。在中国的其他地方，一个家族刻匾悬挂的都是自家人（往往是两三代以内的成员）获得的荣誉。每项荣誉只在一个家宅的一扇大门上的一块牌匾上得到陈列。在西镇则不同，每一项荣誉都刻在好几个家宅的大门牌匾上，许多人家挂的匾是同宗的十代先祖或更久远的先人所获得的荣誉，这些先祖生活在明代，甚至元代。若是并无真正的荣耀，人们经常编造一个来替代。诸如此类以及许多其他事情都表明西镇人不仅在文化意义上是中国人，而且倾向于坚持他们在许多方面比诸多中国其他地方的汉人还更像汉人。

　　西镇与中国大部分乡镇不同的一点是这里的富庶人家异常之多。有些家庭不仅在当地闻名显赫，而且在省里的大城市和省城昆明都声名远播。几年前一户首富人家办丧事，前后长达两个多月，耗费约一百万元。当时大学教授的月薪也就四五百元。

1　根据《韦氏通用词典》（*Webster's Universal Dictionary*），风水（geomancy）即"根据点形成的图形或线条进行占卜，最初在地上，后多在纸上"。这里我用这个词表示一种中国的占卜体系，人们用它来决定某地是否适合于墓葬。

即使小家庭的收入也颇为可观。那次无比奢靡的丧事之后不久，镇上一个小货店的年轻老板便花费了一万元举办婚礼。当时工人每日的工钱（包餐）约两三元。

财富无疑促进了人们对御赐荣誉、祖先崇拜和其他传统活动的追求。近年来，财富又让人们兴建了三所现代学校、一家医院和一个图书馆。这些现代公共机构的意义，将在随后章节得到更清晰的呈现。值得注意的是，这家医院约有 20 张床位，一名科班毕业的护士，两名具有相应文凭的医生（其中一名曾在北平协和医学院受训），多名助理护士，以及一个护士培训班。这家医院为穷人提供免费药品和住院治疗。学校有：一所中学，一所有两个校区的小学和一所师范学校。1942 年，这三所学校一共招生 1400 人。中学和小学是男女同校，中学的校长是当地人，曾求学于北平的清华大学。

尽管有这些现代机构，在我调查期间，30 岁以上的男性吸食鸦片的现象仍较为普遍。[1] 前些年，中央政府的权力尚未达到云南省时，鸦片种植十分泛滥。甚至迟至 1934 年，昆明城墙外仍随处可见罂粟田。今天这一景象已不常见，尤其在交通便利的地方。但我得知，在云南省的偏远腹地仍有鸦片种植。鸦片种植和贸易是从前许多西镇家庭的主要收入来源。禁绝种植之后，许多小农对逝去的"黄金时代"叹息不已，但这并没有阻止富裕家庭从日渐稀少的鸦片生意中牟取更多暴利。这至少是西镇富庶的部分原因。

西镇人惧怕的灾祸约有三类：疾病和瘟疫；旱涝灾害；土

1　关于云南省内其他地区的吸食和贩卖鸦片的情况见 H. T. Fei and T. Y. Chang, *Earthbound China*, Chicago, 1945, pp. 103–105, 163, 255–256, 280–282, 288, and 291。

匪和战乱。人们主要依靠神灵的力量来消灾攘祸。镇上居民每年都要定期供奉祭拜神明。下面这张表格列出了一年中主要的祭祀活动。

表1 祭祀年表

农历月份	日期	场合
1	1	春节；拜财神爷和观音娘娘
	9	玉皇诞
	15	天官诞
2	3	文昌诞
	8	佛祖绕境
	15	老君诞
	19	观音诞
3	3	黄帝诞
	清明	上坟
	15	财神诞
	16	山神诞
	20	送子娘娘诞
	28	东岳大帝诞
4	8	太子寿诞
	15	火神诞
	20	眼光佛诞
5	5	端午节
6	6	南斗星君诞
	24	关公诞
7	7	魁星（北斗）诞
	14	祭祖节

农历月份	日期	场合
	15	地官诞
	19	太岁星君诞
	23	龙王诞
	29	地藏王诞
8	1	金甲神诞
	3	灶君诞
	15	中秋节
	27	孔子诞
9	9	斗姆诞
10	15	水官大帝诞
	日期不定	祭祖上坟
11	19	日光菩萨诞
12	8	帕召[1]（Pa Ch'a）诞
	23	灶神升天
	30	除夕；祭拜诸神

　　其中许多节日和中国其他地方的相同，但是在西镇，这些活动不会草草了事，表中的大部分节日期间，西镇人都要大摆宴席，祭祀活动人山人海。每个这样的节日都有庙会，在别处可能一年只有三四场。不仅如此，西镇还有一些表上没有列出的祭祀活动。本主（社区守护神）庙在整个社区星罗棋布。每一位本主管辖一片区域或一个村子，他们有名有姓，有诞辰。每个本主的诞日都有庆祝活动，除了参与者只有本地受其庇佑的民众外，其他和表上所列的常规祭祀活动一样，别无不同。

1　指释迦牟尼。"帕"，和尚；"召"，王、主人。——译者注

　　此外有一些其他的场合也要祭祀，如婴儿出生，甚或杀猪。通常祭祀的人家会请来一位法师念一天经，这叫作"祈求平安"。整场祭祀活动就在家宅外的一个小祭坛前进行。

　　有些公共场合只许男性参加；有些只许女性参加。若是一些男女共同参加的活动，男女就会分别在庙的两边吃饭。农历三月上坟的时候，则是家中男女老少一同前去。

　　诸如春节、清明上坟和农历七月中元祭祖等节日，则要持续好几天。

　　如前所述，当地人最害怕三种灾祸。祭祀的目的除了祭祖，还要确保人们和鬼神关系的融洽，以免他们降下灾祸。但事实上所有祭祀活动都是社区生活的一部分，人们在祭祀供奉时并不会去寻求特定的目的。另一方面，有一些特别的祭祀活动只会在灾害发生时举行。我在其他地方已经描述并分析了人们如何应对流行性霍乱。[1] 此外，人们对抗匪患、兵燹和轰炸，还有地震（曾夺去西镇往南一地数百人的性命）和其他流行病的方法大致也与对付流行性霍乱的方法相同。不过，应对旱灾的方式则稍有不同。1943 年春天发生了一场酷烈的旱灾，一队人便把龙王爷的塑像从庙里面请出来，巡游至西镇北边山巅的泉眼旁。龙王爷的前面摆着一条布扎的"旱龙"，后面摆一条柳编的"水龙"。人们把它们在泉眼旁放上两夜；随后龙王爷的塑像又被请回庙中。这一仪式的含义是，泉眼遭了害，要让神明亲自前往救治。此活动极为盛大，甚至连其他村的回民都前来参加。一般来说，西镇人和回民村的人关系并不友好。

1　F. L. K. Hsu, *Magic and Science in Western Yunnan*, New York, Institute of Pacific Relations, 1943.

　　所有仪式场合都包含为当地人提供娱乐的欢庆活动。即使在瘟疫最严重的时期，霍乱祈神会上也还有一些娱乐活动。从这一点来看，西镇人有大量娱乐消遣。另一方面，西镇人无论男女，都没有用娱乐来提高工作效率的想法。镇上和附近地方都没有电影院、剧院和娱乐中心。南边距西镇14英里[1]的县城有一家滇剧院。但因为交通过于不便，大部分人负担不起这种奢侈的旅行。

　　除了仪式庆典，西镇人的确还是有一些娱乐的。晚上，许多店铺还敞开大门，招呼街坊朋友到亮堂的屋里畅聊；还有三三两两的男性或站或蹲，在街角闲聊，他们经常聚在一个小吃摊附近。镇上有两三家茶馆，不过它们才刚成为西镇生活的一部分，还不十分时兴。所以茶馆往往晚上打烊很早。从国家大事和市场价格的流言蜚语，到地方社会的是是非非，人们在聚会时无所不谈。

　　通常，年轻人喜欢去店里，年长的人则青睐于聚在街角。于是，店铺里的议论多涉及市价、战争、缅甸境内和滇缅公路上的冒险以及相关话题，街角的闲谈则充斥着食物、本地事务和抚今追昔之叹。

　　集市广场有一家小小的"现代"药房，那里的氛围有些不同。通常过了晌午，一小群镇里的文人便会光临此地，包括唯一健在的举人。参与此聚会的还有镇上巨富家的公子（他刚从香港回来）、镇长、警长，以及一些乡绅。

　　赌博是另一种娱乐方式。直到1943年，三家赌坊生意还十分兴隆。它们晚上营业，有时白天也开门。其中一家开在一

1　1英里约合1.6公里。——编者注

名警察家里；第二家开在了一位保长家；第三家则位于一间祠堂中。第一家赌坊聚集着中年人和年轻人，他们往往一掷千金，1943 年赌注常常加到五位数。第二家赌坊聚集着各个年龄段的人，一般赌注较小。最后一家只有年轻人去，他们下注的大小与第二家相仿。玩的通常是麻将和扑克。所有客人，无论赌博与否，都将获得免费招待 —— 食物、饮料，需要的话还提供一管大烟。

除了在这些赌坊里赌博，西镇人每年又有三天可以公开赌博，日期是从大年初一到大年初三的晚上。在这三天三夜里，老老少少都挤在几家临时改为公开赌场的店铺里，赌注有时大得惊人。

女性完全不参与以上这些娱乐活动，她们主要从每年形形色色的祭祀和集市中取乐。有些集市三天一次，有些六天一次、十二天一次，还有些一年一次。赶集的男男女女各有各的目的。大部分人是去做买卖的，也有许多人是去询价，或是查验各式货物、走访朋友，甚至偶尔为了姻缘。我们曾提到过，有些祭祀活动只有女性参加，而有些则是男女共同参加的。每逢这些场合，女人们就会穿上她们最好的衣裳，举行祭仪，尔后她们便五六个一起，在庙宇的院子里围坐成一圈，分享刚刚献祭给神明的丰盛供品。

滇缅公路通车以前，这里罕有人知晓汽车运输。要去昆明，只能步行、骑马或是坐人力轿子，约莫得花两三周的时间。公路竣工后，西镇很快就通过一条支路与之相连了。但很少有小汽车和卡车走这条支路，从西镇到滇缅公路主要的交通方式还和以前一样。

但即使在滇缅公路修建以前，西镇也已有了一些现代化的影响。几年前就有了邮局。当地人家的儿子远去北平、上海、香港、中南半岛，甚至日本和美国求学或经商，他们往往会带回来新的观念、新的生活方式。医院和学校在二战前就有了。如今，30岁以下的镇民中，抽大烟的男性和裹小脚的女性已经相对很少了。

战争无疑打乱了许多旧的社会常规（social routine）。首当其冲的是征兵，有些家庭成功逃了过去；其次，邮政服务变得愈发频繁；最后，一所教会学校避难至此，其中许多学生来自长江下游省份，教职工既有英美传教士，也有中国人。随着这些外乡人而来的是更宽松的两性关系、教堂礼拜、无线电、医疗救治、新式服装，以及其他新潮事物。

除教会学校的教堂外，还有两座教堂。其中一座由美国圣公会资助建立，另一座则由一所神学院资助。另外还有一群自称为"基督徒聚会处"（the Little Flock）的人也在积极传教。

不过，传统的力量依然强大。有一件事仍被人们说得活灵活现：1943年，一位从香港回来的年轻人和新娘手牵手走在街头时被人当头泼了一桶粪水。按照社区的习俗，这种自由行径是不能容许的，所以这对年轻新人并没有因这种粗暴的对待获得任何赔偿。

古老习俗在生活的其他方面也占有统治地位。例如，公共卫生完全缺位。直到1943年，镇里还随处可见病狗，驴粪、马粪、骡粪到处都是，儿童甚至成人都在主街和任意路边随意大小便。没有人会劳心打扫街道。大约6年前，教会学校和本地中学联合起来组织了一场公共卫生运动。这些学校的老师、学生清理了所有道路，杀了大约50条流浪狗。不少居民支持该运动。同时，一些学生走上街头宣讲这项运动的重大意义。在那之后的一段时间里，成堆的粪土和其他不干净的东西在镇上消失了。但生活旧俗慢慢又卷土重来，现在连记得当年那场运动的人都很少了。

第二章

阳宅与阴宅：在世与彼世的居所

西镇民居外观之盛和体量之大，以及新宅的数目之巨，无不令造访者震撼。尽管西镇仅仅是云南省内的一个小集镇，但其占地面积和地理位置却格外引人注目。

这里大部分的民居是双层结构。房屋的墙壁多用砖石垒砌，外面再涂抹上或白或黄的石灰。屋顶由瓦片铺就，而地面则用砖木。至于这些民居的大门（这里的住宅大门迥异于中国其他地区，甚至也不同于云南大部分地方），则是异常地精美繁复。高七八英尺的门楼用青砖砌成，和其他墙壁一样立于石脚之上。门楼上饰有精美的手工木雕，两层门楣相接、斗拱重叠（如图2）。而门楼上部则刻着各式几何图案或者写实形象，这些雕刻通常先依凭图像施以彩绘，再涂上木油或清漆。门楼顶部飞檐串角，如同故宫的屋檐一般。

一栋民居一般有着两至三道大门，一道通往下一道。最外面的门楼有砖瓦铺成的三重顶，墙体使用考究的砖石工艺，并绘有小幅壁画。第二道门的木雕装饰更多，石艺和壁画相对稍少。至于第三道门，会远比前两道更为简朴。

最外边或者中间的门楼上通常悬挂有一两块牌匾，彰显着家族成员从古至今的光耀。这些漆黑锃亮的巨大牌匾上，用金

图2　一栋西镇民居的大门

色或泛黄字迹书写着荣誉的种类、获得荣誉的族人之名以及获得荣誉的时间。如前所述，在中国的其他地区，家庭成员获得的荣耀只由其家庭来展示，荣耀至多也只会追及两三代以内的先人。因此，每项荣誉只会出现在一户人家的一道大门的一块牌匾上。西镇则与此不同，在这里，每一项荣誉都会出现在几家民宅的牌匾上。许多人家会展示十代以前先人所获的荣耀，哪怕这个人其实是八竿子打不着的亲戚。在立牌匾刻写功名这件事情上，当地人讲求多多益善。任何一块牌匾上都可能记载着不同时代的不同族人所获取的诸多功名，以表明这个家族持续兴盛发达。人们对于家族荣誉极度渴求，以至于即使有些恩赐无法归于族中有名有姓之人时，人们也会虚构或宣称一位有名号的族人刻在牌匾上。有的牌匾表明该宅子是某大夫第（大夫是一种可适用于诸多等级的封赠，既可以授予封疆大吏的老父，也可以授予县主簿的老父），但却并不具体说明是哪类大夫，或是何人获此荣誉。有时牌匾上刻着金光闪闪的四个大字，称该家族"鸿恩宠赐"，但匾上的小字说明该家族成员无非区区一位光绪朝的国学生。他要么是仅通过了童试，要么是花钱捐了个生员，总之他没能进一步博取功名。在中国其他地方不会张挂刻有诸如此类荣誉的牌匾。当地人还会在匾上写"初登仕籍"，这是此类荣誉在西镇的另一种说头。

　　通常民居最外头的大门朝东，中门向南，最里面的门又朝东。过了三道门之后便是庭院，一户一般有一两个主院，还有若干个小院。C 宅是"四合五天井"式（one-main-courtyard type），Y 宅则是"六合同春"式（two-main-courtyards type）。一般来说，一个院子四面围合，每面每层各有三个房间，庭院用青石铺地。一楼的房间是家庭成员的起居室。在 C 宅的平面图中，B 室是卧室，A 室是客厅和祭祀的堂屋，客厅和堂屋虽然有门，但是一年中大部分时候都会把门板撤去。二楼的房间格局则大不

图 3　上书赞词的牌匾

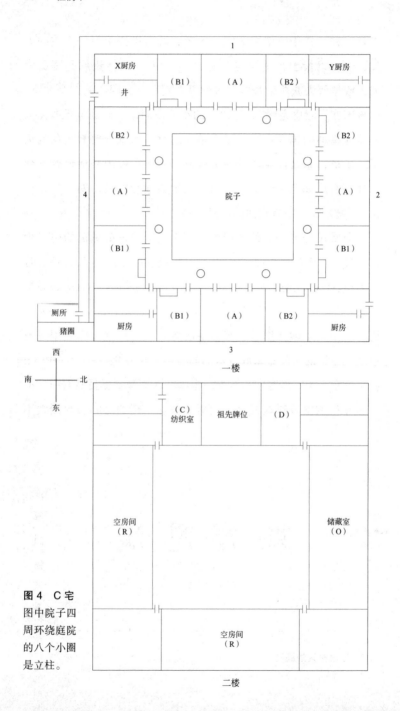

图 4　C宅

图中院子四周环绕庭院的八个小圈是立柱。

相同。除了西边的屋子，其余房间都不做隔断。在一楼，每边房屋分为三个房间，而到了二楼，这些空间合并成一个大房间。二楼西边屋子的正中房间置放祖先牌位和其他牌位，在此，家人每日供香，供奉一两盘简单的食物，当然也有更隆重的定期祭祀所用的牺牲。每年农历七月十五是最重要的祭祖节日，此时祖先牌位会被移至一楼，放到平日牌位供奉处的正下方的房间里，祭祀仪式将在此举行。C 房间备有两架手工织布机，家中的女人们在这里劳作。D 房间通常作为备用卧室。大房间 R 则空置着，需要的时候它们会被用作储藏室，就像 C 房间现在也被利用起来一样。

　　Y 宅的每个庭院的房间安排几乎和 C 宅一模一样，差别只在于多了中间那排连接两个庭院的房间，这排屋子可朝向两边开门。在这类民居中，二楼所有房间都不做卧室或堂屋，房间里面也不隔断。F 排[1] 房屋二楼的中间房间是安置祖先牌位和其他牌位的地方，所有的祭祀和供奉活动都在这里进行。这个大房间的一角放着两架织布机，供家中的妇女使用。两个院子二楼的其他房间全部空置，或者存放几件不常用的物品。除了 S 排[2] 的房间，R 庭院一楼的其他房间也都空着。

　　较小的 Ch 宅仅在庭院两边（北侧和西侧）筑有房屋，第三侧的房屋还在修建之中。各式房间的用途与前文所述的两种类型的民居中的相差无几，除了西侧二楼的房间如图所示被隔成两间。较小的房间是家中两男性的卧室。卧室外侧，楼梯上方是神龛。

　　西镇的大部分民居都具有下面这些有趣的特征。第一，所

1　图 5 中未见，根据附录一的内容，当为 O 庭院西侧一排。——译者注
2　图 5 中未见，根据附录一的内容，当为 R 庭院西侧一排。——译者注

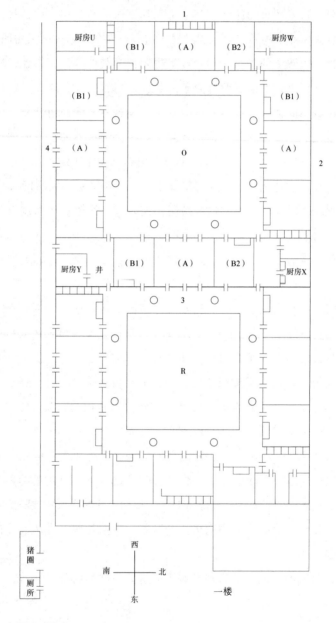

图5　Y宅

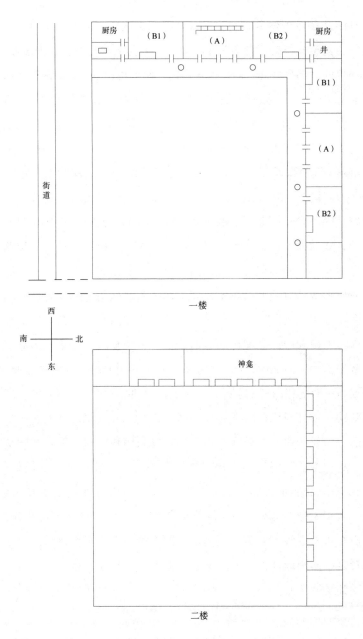

图6　Ch宅

有的民居对于建造它的家庭而言都过于宽敞，不仅单个房间空着，甚至整排房屋都会闲置。第二，因为走廊宽阔，廊檐前伸，一楼的大部分房间（利用率最高的房间）均昏暗无光。庭院四周被房屋包围，导致日照短缺。第三，除了双院结构中间的一排房屋，一楼的房间关起门后便通风不良，阴暗潮湿；二楼的房间虽然通风较好，但面对恶劣天气毫无防护。屋顶的瓦片搭得稀稀落落，每到雨季（五月至九月），二楼的房间简直屋漏无干处。

不同于居住舒适性上的浮皮潦草，人们对民居外观费尽心思。除了我们前面提到的精致木雕、石砌以及家家户户大门上的各式牌匾，他们在整栋民居的白色围墙上也不吝精力。按照建造法式，外墙仅比屋脊矮两英尺。高墙顶部的外侧用瓦片嵌入以形成或方或圆的图案，其上或书名诗佳句，或按传统样式彩绘山水花鸟。这些诗句多有误抄。高墙内侧上缘亦有类似装饰。大门和中门之间内围墙的装饰更为繁复。中门正对的墙壁常墨书"彩云南现"[1]四个大字，两侧墙体分别绘上大幅风景画，或是镇西的苍山峰峦叠嶂，或是类似19世纪沪港常见的"摩登"新楼，或是现代交通工具——火车、轮船和飞机。在上文所举的三家民居中，我曾在一面墙画上看到四种交通工具：左侧是一栋"摩登"的五层大楼，紧邻大海，海上航行着一艘汽船；天空中飞着两架飞机；前景则是一列火车疾驰而过；大楼前，一名车夫赶着马车。汽船似乎要冲上沙滩；两架飞机即将相撞；而车夫丝毫没有意识到他的马车即将被前方火车轧得粉碎。尽管这幅画画成这样，仍代表了本地耗时费工的手艺——一笔一画都是精描细绘。

1　字面含义即彩云现于南方。意喻这个家庭受到上天的祝福。

除了院落的外墙，通常还有一堵短墙，称为"照壁"（shadow wall）。这堵独立的照壁，与其他墙体等高，独它正对民居大门。有时一家有两到三堵照壁，与每道院门对着。照壁上往往也有四个黑色大字，字的内容要么如前文所述（彩云南现）来源于某一传说，要么彰显家中乃书香门第（书香世美）。这类"照壁"使家宅围墙得以完整；它"遮罩"住大门造成的开口。家宅在任何方位上都不得外露。

西方的影响并没有损毁西镇的匠人的技艺，他们对分寸拿捏得很到位，最为卓绝的是门窗和屋檐上的雕刻和抛光工艺。西镇的窗户值得专门研究，我从未发现有两扇窗户设计雷同。工匠们能在小小的窗框上巧妙地雕出各式图样——条、圈、块、菱等。门上除简单的条块图案外，还雕琢了花、鸟和器皿等。屋檐外缘的瓦当也同样被精心雕饰。

这一切都极为耗时费财。一个家庭通常无力将民居一下子就修建到完美。房子的构造、雕刻和抛光也皆是慢慢添就。因此，前页图中所示的 Ch 宅还缺一排房屋，Y 宅至今仅将对着 O 庭院的门窗上了漆。在西镇，无论任何时候都能看到处于不同完成阶段的民居，有的花园尚未完工，有的等着增建庭院，还有的缺着一整排房屋，工程总是在进行。除了少数特例，大家都是根据同样的模式按部就班。西镇人和一些英国中产阶级父母一样，后者宁愿推迟孩子的入学时间直到其有能力把孩子送进公学，前者也情愿等到他们能够为自己的在世居所（worldly residence）聘用能工巧匠，用上好材料才破土动工。

传统墙壁绘有欧洲文化元素，此外无其他欧化迹象，这种风格不齐清楚地表明如此这般偏好欧风只是主人在以传统的方式提高自己的声望，而非试图改变传统模式。这就是为什么人们建造每栋新居的时候都依照前人的建筑风貌，牌匾、照壁，一概不变。这也是为什么镇上的首富之家，尽管已经在湖边修建了一栋有着欧式装潢的摩登豪宅，如同西方某些大学的科学馆，但仍要在镇上建造一间传统样式的大宅。

在依循传统之内，这些大宅体现了极强的攀比竞争。在世居所与其说是家庭成员舒适生活的场所，不如说是家族的社会威望和团结统一的象征，这个家族整体上包括逝者、生者以及将来的子子孙孙。借助统一性，家庭和世系中任一个体成员所获的声誉都会成为家族整体的荣耀。因此，最孚盛望的先人之名将被摆在最显眼的位置。这一原则可以解释下列习俗。除夕夜，家家户户的大门都要按照仪式封好，到初一清晨再依据仪式打开。封门仪式以已故祖先的名义进行，这位先祖须是家族中官阶或御赐封号最高之人。开门仪式则由家族在世成员中获得官品最高或荣誉最高之人来完成。两人的名字各写在一张红纸上，两张纸以十字形交叠封住门楼的两扇门板。初一一早打开大门的时候，封门纸就会断为两半。

攀比竞争就意味着有家庭或成员将落后于人。因此，取得优胜的家族需提防着恶意的妒忌。所以一栋新建的家宅会成为活人甚至鬼魂嫉妒的对象。通常新居落成后约三年，主人就要大宴亲朋，并请一些法师诵经几天几夜。法师诵经、烧纸钱衣物、供奉米粮，以此讨好高位神明，送走所有可能不利于新居和主人的心怀妒忌不满的神神鬼鬼。否则这些嫉妒的神鬼可能会使房子着火、垮塌，或制造怪声使人无法在此安居。

妒忌也可能来自人。穷人不得不苟且住在破屋中。他们的房子多为单层平房，茅草盖顶，没有院落。整栋房子仅有一排房屋，比大家宅院的任何一侧都小。西镇里有一些这样的民居，

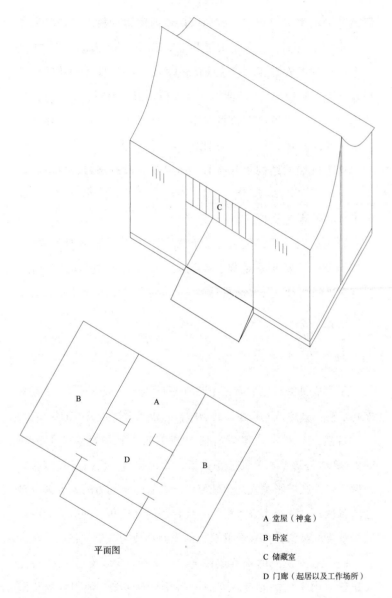

平面图

A 堂屋（神龛）

B 卧室

C 储藏室

D 门廊（起居以及工作场所）

图 7 一户贫寒之家的房子

但镇外的村里分布更多。我们以西镇西南边沙村的一户贫寒之家的小房子为例，两间房 B 是卧室，其中一间兼做厨房。A 是一个小房间，安置家庭神龛（family shrine）。D 是一块铺过的平地（或者阶地），以供休闲，会客和缝纫、编织、备餐等诸项劳作时使用。空间 C 在 D 的正上方，是在 A 的入口上方用木板撑起来的，做储藏之用，四周用木条围挡以防东西掉落。

这类民居的结构十分简陋。墙壁甚至没有刷白，更不必说用壁画装饰了。既无匾额，亦无空屋。在方方面面，它们都体现了屋主生活之艰难。

必须说明的是，较穷之家和较富之家并没有绝对的界限。由贫到富，从富到贫是递进变化的。但在任一具体时间点上，贫富两极间的对立又显而易见。

墓　地

家内成员去世之后有三个归所——墓地（或墓园）、家庭神龛和宗祠。墓地是逝者遗体的居所；其余二者则是灵魂的居所。

自然，只有富裕家庭有能力在墓园上耗费巨资，但一块"好"墓地是每个家庭的心头大事，无论贫富。富人以自家墓园为傲；穷人则以嫉妒视之。任何一个具有经济能力的家庭都有自己的墓地，对一个家庭来说，一块合适的墓地和一栋适合的民居同等重要。将家人葬在公共墓地的家庭会成为人们同情的对象。

一个极其富有的家族或许会拥有大片墓地。C 家以曾有先人担任过中华民国北京政府的内阁成员而闻名，他们家的墓园之一就坐落在洱海湖畔两座山峰之间的坡地上，占地约 35 英亩。将斜坡平整出阶地，可追溯到的最早先祖被安葬在最高处的阶地，更为晚近的先祖则差不多按顺序安排在不同阶地上。墓园不一定用围墙圈起来，但每块墓地都有牌坊，上刻铭文以表明家系。C家墓园中有如此若干坐落于不同阶地的牌坊。这表明这片墓园曾在不同时期因需求增加而数次扩建。远祖所在仅证明斜坡顶部一带是其家族墓地，经年累月，下方的坟墓逐渐增多，现今在最低处的牌坊之外又增加了几组零星的墓葬群。

　　原则上，安葬顺序必须考虑辈分、年龄和性别等一系列因素。辈分高、年龄大的长辈应葬在高处的阶地；在同一层阶地中，年长者应葬在年幼者左侧。夫妻应并置安葬，且男左女右。人们认为左边地位更高。但在真正安葬时，却很少完全遵从这些原则。大多数墓园不仅坟墓位置杂乱无章，夫妻之墓相隔甚远的情况亦很常见。有时夫妻两人甚至被安葬了不同的墓地。我们对Y家族两块墓地的布局图进行分析便可清楚地说明这一情况。Y家族十分富庶，保留着一份族谱的考究抄本，上面记载了家族的十六代人。据此，我们没有理由相信他们已不再恪守传统标准。

　　显然，两块墓地几乎都没有遵照辈分原则（generation principle）。先祖被葬在比近几代祖宗更低的位置。有些情况下他们甚至被葬在同一阶地。拿旧墓地来说，始祖的坟墓本应坐落在最高处，现在却降等到极其下方的阶地上。而且，兄长多被葬在幼弟右侧而非左侧。有的夫妻并肩长眠，有的则遥处两地。家族中杰出男性的坟墓坐落于墓地的显赫位置，其妻子有时却被降级葬在其他墓地。[1]

1　11（1）F和11（2）F因为诰封而葬在旧墓地。10（1）M和F同样因为诰封而都葬在旧墓地十分高处的位置。11（1）M和11（2）M，即11（1）F和11（2）F的丈夫，二人都葬在新墓地最佳的中心位置。

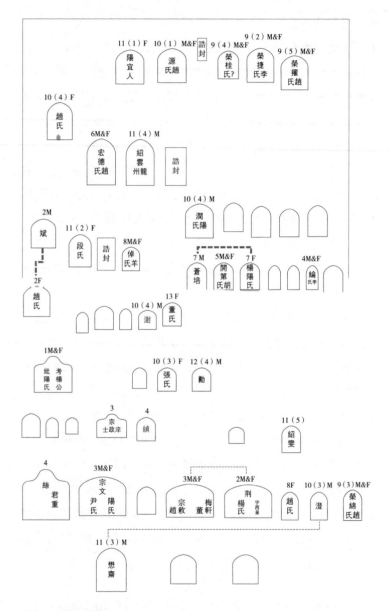

图8　Y家族墓地

无括号的数字表示安葬者的辈分。有括号的数字表示安葬者的支系。无数字的墓
碑属于无法在族中定位的坟墓。单虚线表示父子关系。双虚线表示夫妻关系。

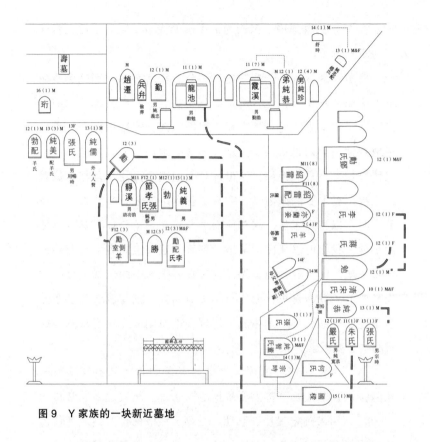

图9　Y家族的一块新近墓地

违背基本原则安置坟墓的情况极为常见。Ch 家有块稍小的墓地，其中一级阶地上依次坐落着这些坟墓：

（9）	（8）	（7）	（6）	（5）	（4）	（3）	（2）	（1）
堂祖母	曾祖母	曾祖父	祖父	堂曾祖母	堂曾祖父	祖母	堂高祖母	堂高祖父

这些亲属称谓是以报告人"自己"（Ego）作为出发点而言的。祖父和祖母的坟墓被上一辈的坟墓隔开，曾祖母被葬在曾祖父的左边而非右边。

在 Y 家的墓地中，宗族为最杰出的成员及其妻子特别修建了一座祠庙。

诸多原因导致了墓葬中违背辈分、年龄和性别等社会范畴基本原则的现象。首先，墓地面积有限。一般而言，土地的价格限制了许多家族的墓地面积，因而大部分家庭所拥有的单个墓地规模不会超过一两个阶地。即使墓地面积较大，随着坟墓逐代增加也会日益拥挤。这也许是人们很少关注坟墓相对位置的原因。更重要的原因是，家族中获有崇高荣誉的族人理当在下葬时予以特殊考量，同时他们也会将光耀荣誉加至其身所处的墓地。我们可以从图示墓地清楚看到这一点。为了给旧墓地增添荣耀，孝子贤孙们显然发现有必要把家中两位最为显赫的成员的妻子葬在这里，而非与其丈夫同葬。这一做法几乎在各个墓地都能够看到。个体成就超过其他原则成为决定坟墓等级排布的首要因素。

另一个密切相关的原因是个体竞争的行为。不仅是整个墓园，而且个人坟墓都需要根据堪舆选址。堪舆，或通常称为"风水"，用来确定民居、墓地、坟墓、城墙的位置，或者任何活人或死者的居所。就墓地的选址而言，人们坚信子孙后代的繁盛有赖于祖先的安息之所。在西镇以及大理周边地区，人们通常以背山面湖的风水宝地为墓地。除了这一总则，还有诸多细节，在此我们无法一一详明。显然，墓地位置必然有高低之别。严格来说，如果在一个家族墓地内，阶地愈高则愈为上佳或愈兴旺，那么依照风水，一个家族的墓地恰巧位于另一家的正上方，就会把这家的好运占走。奇怪的是，事实并非如此。此种原则只在同一块墓地内部竞争时适用。在西镇，不仅有许多"偷葬"现象（例如，穷人偷偷将去世的家人葬在高门大户的墓地中，以分得兴旺人家的好风水），而且同宗的族人之间也要为各自直系祖先在同一片墓园中争取"更好"的位置。人们认为父母墓地安置得"越好"，他们子孙后代的在世生活就会越成功。风水先生经常会说某块墓地扩展（"发"）了宗族的某个分支。每个坟墓的位置都由风水先生单独选定，以获得在整个墓园内的最佳风水"优势"。

影响墓地排布的第四个原因是，有时家族突然遭逢厄运，他们无力照料死者的安息之地。祖先坟茔杂草丛生、湮灭难寻。如果有族内后人重振家业，通常都会翻修祖上墓地，这时他们就会发现先祖坟墓与辈分小许多的家族成员坟墓可能并排而立，甚至还可能位居后者下方。

族内男性对已故祖宗的责任不仅在于为他们选择一块"风水"宝地落葬，还必须尽其所能修缮坟墓。等级高的坟墓价格不菲。通常，坟墓由坚硬的花岗岩建造而成，墓前立一大块平整的墓碑，位于拱形墓门之下。墓碑上刻碑文，上方写着纪念家族全体祖先的套语。其余碑文分为三个部分。中间部分说明死者的封号、姓名、性别和年龄。右侧一行或几行为创作和书写碑文之人的头衔和名字。左侧刻着死者直系后代的名字以及立碑时间。碑上所刻死者的封号多多益善。如果男性或女性死者生前并未赢得封号，就刻虚假封号。通常有两种方式：一种方式是男性用"皇清待赠逸士"，女性用"孺人"，意为死者正待大清皇帝赐封；另一种方式则是在墓碑上端刻写"皇恩优赉"，意为此人曾受君恩隆盛，往下的碑文说明乡里咸称此人为"慈淑孺人"（女性），或为"谆懿逸叟"（男性）——前者意为"一位慈蔼贤淑的老妇"，后者意为"一位德行端正的隐士"。一般来说，创作和书写碑文的人的名头应比死者的高；这些名头

图 10　W. F. CH 的祖父的墓碑

亦可为家族增添荣耀。墓碑左侧所刻的子孙名字，既包括生者，也有尚未出世的子孙，通常有两三代人。如果有人询问，那家人就会告诉他哪些确有其人，哪些是给未来子孙准备的名字。

1943 年夏天时，一座花岗岩墓需耗资 30000 元。许多家庭都无法在一年内负担这笔开销。他们不得不和建造在世居所一样分步修建坟墓。此外，和选择风水宝地建宅相同，个体首先考虑的还是他的直系先人——父母和祖父母。我可以列举出与上述 Ch 家情况类似的无数墓地，有些坟墓精心建造，紧邻着的坟墓不过堆土或铺石而已。通过进一步观察，我一般会发现，享有较好坟墓的死者的直系后代非富即贵。在 Ch 家的例子中，该家族的现任族长告诉我，家族墓园中最为讲究的两座坟墓（3号和 6 号）是他祖父母的坟墓（他的父亲仍然健在，母亲安葬在另一块墓地），他和他的父亲打算等到经济允许时就修缮 7 号和 8 号两座坟墓（这是他的曾祖父母的坟墓，由稍次的花岗岩建造）。

提前为年迈的父母备好棺木、修好坟墓也颇为常见。空墓与真墓常常难以区分。空墓由花岗岩建造而成，墓碑刻有完整碑文。待到下葬的时候，人们移开坟墓后方的石板，将棺材放入墓内，再把石板盖好。在某个固定应去上坟的日子，一些家族成员会将一张红纸贴在近亲的坟上，空墓上贴"福"字或"寿"字，真墓则贴"长眠此地"等此类字样以示缅怀。在世父母看到后事皆为妥当，甚是心满意足。我就曾在清明节碰见一位老人站在自己的墓旁同客人聊天。

有些墓前石碑还绘以彩漆。年轻人常常为给父母或祖父母的墓碑上色而殚精竭虑。和在世居所一样，体面的墓地令人脸上有光。在某个固定的祭拜日，一家之主会带着他的客人四处参观，并绘声绘色地讲述他如何多番努力，终于成功拥有这一块"风水"极佳的墓地。

家庭神龛与宗族祠堂

家庭神龛与宗族祠堂的目的相同，只不过前者是五服之内（同高祖的后代）的已故祖先灵魂的居所，后者是同宗族但又不属于家庭神龛的先人灵魂的处所。事实上，二者的差别并不明显。有些家庭神龛上供奉着远祖，有些仅供着几位直系先人。有些家族没有宗祠，便把所有知晓姓名的祖先牌位都放在家庭神龛。

无论贫富，家家户户皆有神龛。神龛通常位于民居西面的房间，一般在二楼西屋的正房，特设一木制灵台用于供奉。每位祖先的名字、寿数和生辰八字及其坟墓的风水方位，都要写在牌位上。这些牌位要么单独放在一个木龛内，要么夫妻俩的一同置于木龛中。血缘亲近的祖先牌位会特地饰以彩缎。牌位按序摆放，面前常供有食品、三脚香炉、蜡烛和一束鲜花或纸花。

一般来说，西镇人不会单独供奉祖先牌位。旁边还常常供有孔夫子、关公（武财神）、佛祖或道教神仙的画像和牌位。供奉祖先的香火祭品都要与众神同享。

宗祠通常由宗族成员义务捐资修建——富人多捐，穷人少捐。建造宗祠耗资巨大，只有族内有富裕之家的宗族能够负担。有座宗祠由一个人独自捐款修建，因而声名远播。

宗祠不像普通寺庙一般供奉神像，这里供奉的是宗族内所有不在家庭神龛里的男性祖先及其妻子的牌位。西镇共有 12 座

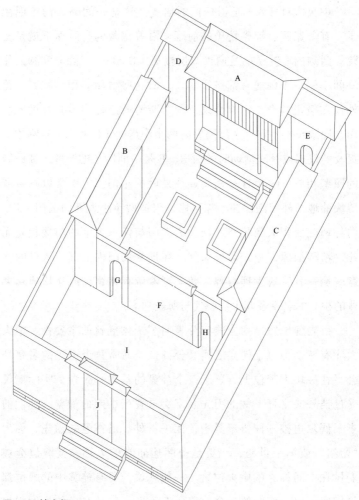

图 11 某宗祠

宗祠，5 座由 Y 姓族人修建，2 座是 Ch 姓族人所建，其余 5 座
宗祠分别属于不同姓氏家族。所有宗祠都由一些耐用材料（砖、
石或松木）建成，一概进行彩绘和涂漆。上图所示便是一座典
型的宗祠。

中央大厅（A）是祖先们的居所。这是一间高大的单层屋子，有着宽阔、铺砌精美的前廊。沿着宽敞的台阶而下就是庭院。两侧围着院子的是两栋双层楼房（B和C），除非守祠人住一间小屋，否则通常都空置着。有时这些房屋会租给租客，此外仅在祭祀场合，宗族会议、聚会赌博或修订族谱时方投入使用，期限长短不定。主厅隔壁的两个小房间（D和E）是刚才所提及的仪式或社交活动时的厨房。F是一面巨大的照壁，和民居的照壁相同，G和H是两扇通往外院的小门。内院常以石板或砖块铺地，外院则往往不加整修，仅铺两条小道通向大门（J）。内外两院面积大致相当。祠堂的大门与任一大宅的门楼相差无几，精雕细琢，令人印象深刻。在祠堂大门内上部，入口的任意一侧，有一块大理石碑，碑上刻着所有在官场或文坛建功立业的祖先的名字及其生活朝代与所获功名。

祖先牌位的排列方式充分表明了个体成就的重要性。中央大厅有三个神龛，神龛之间又分高低。通常每个祖先的名字都会写在一块大牌位上，置于三个神龛的其中一个中。实际上仅受过诰敕或官拜上卿的祖先名字会被置于中间的神龛，他们的妻子偶尔也被一同供奉其中，无一例外。最古老的祖先，称为"始祖"或第一世祖，一贯是曾闻达庙堂的人物，其牌位会被安排在中间神龛的中央位置。一般来说，所有神龛中的牌位都是红底金字。两侧的神龛放着所有不在家庭神龛内的男性祖先及其妻子的牌位。三个神龛的所有牌位都按照辈分和年龄次序摆放。

我们关于这个社区的在世居所和彼世处所的调查清楚地表明，一方面他们完全服膺祖先权威，另一方面他们既承认又汲汲于争夺个人和家庭的优先地位。

第三章

祖屋下的生活与劳作

　　家宅内生活区域的分布为我们了解祖屋下人们的生活和劳作行为提供了有效线索。我们可以观察到下列这些基本特征。第一，年老的父母住在长子所有的一侧房屋，通常为西屋。第二，常见的情况是，在有些房间看起来过分拥挤的同时，大量房间却还空置着。几乎所有家庭成员都不住二楼。第三，除了孩子和夫妻，男女通常分屋居住。就这一点，我仅观测到一个例外。[1] 第四，一户之内的每个独立家庭（individual family）的成员通常住在同排或相邻两排的房屋中。除了个别情况[2]，以上四点是居住的普遍特征。生活区域的分布由社会习俗（social appropriateness）决定，而不考虑个体的偏好、舒适或整洁。这些原则一方面强调辈分、性别和年龄的重要性，另一方面也重视亲属关系。

　　一窥房间内部，我们就会加深这种毫不在意个体的偏好、舒适或整洁的印象。图5—7中的A房间一般是起居室。但即使首富之家的起居室也远达不到美国的标准。起居室通常靠墙

1　C家70岁的祖父与18岁的孙女同住一屋，直至后者出嫁。

2　见附录一。

摆着张条案，对面是几扇门，几乎占据了一整面墙。条案前还有一张方桌。方桌旁，靠着两侧墙壁摆着几张方椅或几张七八英尺长的长凳。正对着门的墙上通常居中挂着一大幅卷轴，上书硕大的"寿"字或"福"字，两旁配一副对联。这副对联由亲朋好友或于新居落成之时，或于家中青年成婚之日赠予。其余墙壁的装饰也相差无几。条案上常摆一架座钟，或大幅镶边的大理石山水屏风，两边各摆一只筒式瓶。大理石屏风的框缝间插着一些地位显赫之人的拜帖。拜帖上的醒目头衔表明这个家族与重要人物的关系。大方桌上摆着茶壶、茶杯等此类物件。长凳和方椅上一般没有布套或坐垫。

　　卧室里常常塞满大量箱子、柜子、桌子和床，杂乱无章。二楼无论是否隔成小间，神龛之外的地方也是一片狼藉。这些屋子往往凌乱不堪，一些胡乱堆着织布机、大小箩筐、干菜、不用的轿子和锅碗瓢盆等，另外一些则空着或仅是堆放干草。房间里总是落满厚厚灰尘。特殊的祭祀场合（例如农历七月十五）启用这些房间时，家中女性才会打扫清理。

家内关系

　　亲属制度（kinship system）的基本原则是：世系（lineage）、辈分、性别和年龄。关系称谓与亲属制度的关联早已明确。称谓（term of reference）比起称呼（term of address）更接近真正的亲属关系结构，这一点却少为人知。[1]下文的图表列出了西

1　F. L. K. Hsu, "The Differential Functions of Relationship Terms," *American Anthropologist*, XLIV, No. 2 (April–June, 1942), pp. 248–256.

镇的关系称谓。

称呼足以说明亲属关系结构，但称谓使某些亲属关系结构更为明确。例如，一个人对弟弟及其妻子没有称呼，但将他们分别称谓为弟（T'ai）和弟妇（T'ai Fvoo）。同样地，如果一个人的父亲的姐妹的女儿的丈夫比他年纪小，他就可以直呼其名，或者跟着父亲的姐妹的儿子来称呼对方。而他对此人的称谓则为表妹夫（Biao Mei Beng Bao）。

这些关系称谓所呈现的原则还是世系、辈分、性别和年龄。按照公认的理想模式，亲属关系结构如下：其基础是父系制度，最重要的关系是父子关系。父亲对儿子有生杀之权，父母在世时，儿子必须侍奉孝敬。父母殁后，儿子有责任为其服丧祭祀。

家庭团体中的其他所有关系都可以看作是父子关系的拓展、从属或补充。无论生物学家如何解说，在西镇，母子关系既基于生育事实，又是父子关系的延伸。生物学事实并没有遭到漠视。西镇习俗中，子为父服丧两年，为母服丧则需三年。[1] 为母服丧更久，据说是因为母亲养育孩子更为不易。但除此之外，母亲在世系中的位置都根源自父亲。虽然母亲权威较弱，但母子关系的模式在本质上与父子关系类似。此外，母子关系中似乎没有父子关系里有的那种理想规范。

严格来说，夫妻关系依附且从属于亲子关系。例如，婚姻以父母取（take）儿媳之名缔结，而非儿子娶（take）妻。任何夫妻之间不能表露出情爱。事实上，新婚夫妇只允许同床七日。之后两人便在一个房间内分床而睡。在众人面前，他们显得漠不关心彼此。一个人若是父母去世，当痛不欲生，几欲自

1　见第七章。

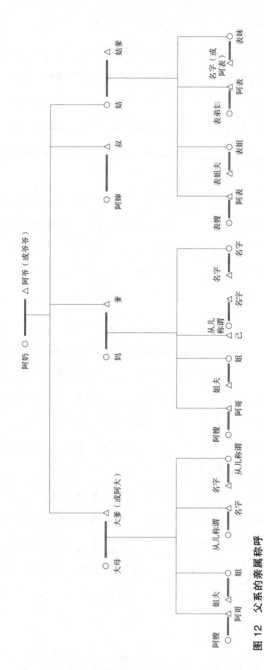

图 12 父系的亲属称呼

如果"己"有儿子或女儿，他有时会被称呼为某某（自己孩子的名字）的人（Ning）。夫妇之间彼此没有称呼。

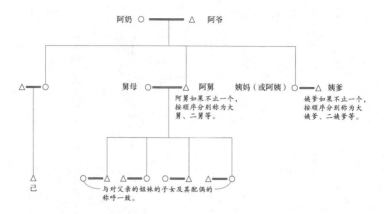

图 13　母系的亲属称呼

尽。若是妻子身亡，他虽然应流露悲情，但也不能忘记孝道。如果妻子与公婆争执，丈夫别无选择，必须不问情由地支持父母，反对妻子。妇女的首要任务是孝敬公婆，其次才是服侍丈夫。她也应当顺从丈夫，就像顺从公婆、顺从自己的父亲一样。丈夫可以打骂妻子，妻子则不能还手。相应地，她的丈夫和公公对她负有扶养义务。

　　兄弟关系是父子关系的补充，但并不从属于后者。事实上，兄弟和睦对于维持和巩固父子关系至关重要。人们常常强调"兄弟同根"。兄弟之间应互帮互助——必要时应尽扶养之责。兄长对弟弟具有一定权威，弟弟也应顺从兄长，尤其是父亲已不健在的时候。兄弟越是亲睦，父母就越欢喜。

　　正如前述，儿媳的首要之事是孝顺公婆。她必须如其丈夫一样侍奉公婆，为之服丧。但在日常生活中，公公和儿媳要互相回避，甚至不能随意交谈。另一方面，婆媳关系则可以说是广义上的母女关系。

　　相比于父母与儿子关系（parents-son relationship），在西镇

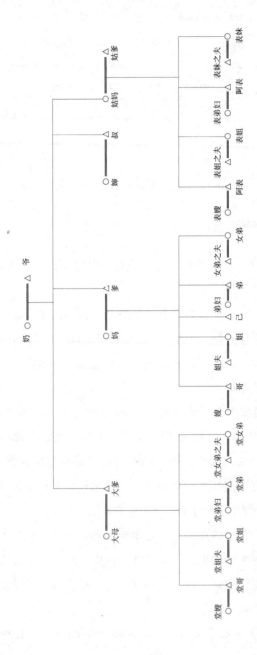

图 14 父系的亲属称谓

所有称谓均加前缀 Nge，其意为 "我的"。一名男性称其妻为 "Nge Nao Vuer Ni"，一名女性称其夫为 "Nge Hao Duair" 或者 "Nge Bao Ni"。对儿子称谓为 "Ze Ni"，儿子的妻子称谓为 "Ze Vuer Ni"。

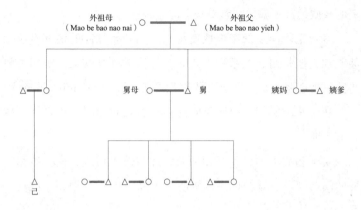

图 15 母系的亲属称谓

所有称谓均加前缀 Nge，其意为"我的"。

很少能听闻有关父母与女儿关系（parents-daughter relationship）
之事。大体上二者并无差别。子女为父母服丧并不分性别，这
一义务即使在女子出嫁之后也无更改。女子须和她的兄弟一样
服从父母的权威。

然而社会通常认为母女关系比父女关系更亲密。事实上，
女儿与父亲更亲密无疑会被视为反常之事。这显然是出于现实
需要，因为母亲有更多的事项要教给年轻的女儿。

性别隔离原则（the principle of sex segregation）似乎更为
重要。这个原则贯彻在两个方面：一方面是社会禁止两性亲密
交往；另一方面，在一个父系和婚后从夫居的社会中，女子与
其父母的联系重要性更弱。因此，女性和父母的关系也偏于随
意。结婚之后，她与自己父亲的关系更是无足轻重。

姐弟或兄妹的关系不像兄弟关系那样边界明确，也不被社
会重视。性别隔离原则使得兄弟和姐妹互相之间不能亲近，但
凡关涉权威事宜，男性总是支配者。此外，兄长施加于妹妹身

上的权威远甚于施加在弟弟身上的。

　　尽管生物学上的亲近性使得兄弟间和姐妹间的情谊本应无甚差别，但是姐妹关系更不正式，且缺乏社会规范。她们之间与其说是亲属关系，毋宁说是个人适应（personal adjustment）。

　　社会希求妯娌（即兄弟俩的妻子）之间如同兄弟之间一样和谐互助。

　　女子和丈夫的兄长互相回避，此与翁媳模式相同。她和丈夫的幼弟则可以宽松许多，常能互相说笑——在西镇，叔嫂关系十分独特。

　　更远的亲属关系遵循基本家庭内部的既定模式。例如，男子与叔伯的关系遵循父子模式。堂兄弟关系遵循兄弟模式。每种关系的强度（权利与义务），都与亲属关系结构中社会规定的个体亲疏直接对应。夫妻模式是唯一没有扩展到更广泛的亲属范围的关系模式。

　　但现实生活和这些社会公认准则之间差异显著。越是在定义明确的关系中，这些差异自然就越明显。在中国，经常被强调的父子关系样板就是上文提及的那种理想模式。但据我所知，在中国任何地方这种单方面的制约通常都并非真实情况。该模式在西镇家庭中亦不典型。父亲确实对儿子有很大的权威，但他的权威取决于下列事实——在社会层面，父子是彼此的一部分。父亲若滥用自己的权力必会自伤。儿子有义务取悦赡养父亲，但父亲始终是儿子的供养者。帮儿子觅得佳偶是父亲对列祖列宗的责任。一个让儿子挨饿的懒惰父亲在镇上是没有体面地位的，父亲如若懒散无用、挥霍家财，社会甚至鼓励其成年儿子奋起反抗。

　　换言之，若不用心理学上的"认同"（identification）概念，则难以概括父子关系。所谓有其父，必有其子；其父所有，其子亦有。最普遍接受的父子间行为模式，不是一种权威与顺从、剥削与被剥削的消极关系，而更应该被描述为一种积极关系，对此的文学表述为"父慈子孝"。在西镇，一旦儿子娶妻生子，父亲就会征求和听从其意见，就像儿子向父亲寻求建议一样频繁。

夫妻关系也在各方面偏离理想模式。妻子应当无条件遵从丈夫。许多案例都支持此说。但如果妻子下定决心，她也有办法让丈夫顺从自己的意愿。夫妻吵架时，许多女性的第一招和美国妻子一样——直接回娘家。她也可以不用自己的魅力，而用她的"魔"力来降伏丈夫。我到西镇前不久就发生了这样一件事。一名男子赌博成性，整日混迹赌坊。他的妻子绝望万分，有一天晚上她在丈夫和其他赌鬼玩得热火朝天时冲进了赌坊，当场和丈夫大吵了一架。

赌徒间的争吵并不少见。吵完事情也就过去了。但是如果男人和女人在别人家吵架，这家就倒霉了。这是最不吉利的事情之一。由于此事，赌坊主人不仅永远不许这个丈夫再踏入自家赌坊，还采用巫术加以报复。

偏离社会公认准则的另一种形式是入赘婚姻（matrilocal marriage）。在许多赘婚案例中，丈夫不仅无法在妻子面前完全施展他的权威，还可能彻底处在妻子的母亲的掌控之下。按照风俗，妻子的母亲就是他的母亲。本书第四章将对赘婚习俗加以描述。这里仅举一例说明问题重点。一对赵姓夫妇膝下仅有一名独生女。他们经营着一家杂货铺子。此女与上门女婿董家小伙子喜结连理，生养了一儿一女。小夫妻日子非常美满。丈夫在店里工作也勤勤恳恳。但岳母总是骂他"吃白饭"，百般刁难。她强迫女婿离开家门，经商赚钱。他走的那天早上，妻子挥泪送别，而岳母则一如既往地横眉倒竖，怒骂不止。几个月以后他染上疟疾，回到家中，不久就撒手人寰。

赘婚中丈夫的地位和中国大部分地区的媳妇的地位是一样的。在中国大部分地方，婆媳关系充满了猜疑、仇视、明争暗斗。我有一本阿伦斯伯格（Arensberg）写爱尔兰的书，其中一句爱尔兰谚语把我逗乐了：

> 儿媳遇婆婆（Bean mhic is máthair chéile），
>
> 老鼠见到猫（Mar chat agus luch ar aghaidh a céile）。[1]

不过这句谚语并不适合西镇。西镇的儿媳十分勤劳。与之同住一个屋檐下的婆婆亦是如此。这些老妇人辛勤劳作，并非生计所迫，而是自我选择。西镇的婆婆不像中国其他多数地方的婆婆，总是坐等儿媳为其做饭织衣，全心全意伺候自己。无论是否有儿媳，她们都不忘辛勤劳作。西镇的婆婆没有牺牲儿媳自己享福的观念，她们和儿媳之间的关系较为融洽，没有明显矛盾。

生计活动

生计可从四个层面展开：家庭、田地、市场和商铺。家务大部分由女性承担，包括洗衣做饭、缝缝补补、照顾幼儿，但除了洗衣，其余活计并非女性专属。我曾见过男人烧饭、照顾

1　Conrad M. Arensberg and S. T. Kimball, *Family and Community in Ireland*, Cambridge, Mass., 1940, pp. 92–93.

孩子，甚至偶尔缝补，但从未见任何男性洗衣服。通常一名妇女只负责自己和丈夫、孩子的衣服。如果婆婆已经去世，她就还得洗涤公公和丈夫的未婚兄弟的衣服。如果家境允许，她的丈夫会劝说自己父亲续弦。洗衣工作与亲属关系联系如此密切，以至一个外地人如果没有和当地女人结婚，他的衣服就无人可洗。

关于农活的习俗就没有这么严格。男人承担重活，比如从地里把粮食搬回家，给庄稼施肥。女人负责插秧、收割、除草和打场。但无论男女，必要时可以做任何工作。此外，殷实的家庭都会雇佣帮工——男女均有。

经商是镇上最红火的工作，许多证据可以证明这一点。这是一张当地的调查记录，列明了51户家庭中15岁以上男性成员的职业：

贸易或零售	58
农事	23
教育工作（除去2名在校生）	14
政府工作（公职）	7
军职	7
无业	8
手工业	6
医护	1
警察	1
共计	125

这51户都住在同一片区。对居住在镇上不同区域的42户家庭的抽样调查也证实了商贸活动的重要性。在这42户中，15岁以上男性成员共120人，其中有69人（高于50%）承认自己

从事类似商贸的活动。[1]

从商铺的数量也可以看出商业的重要性。西镇内估计约有250—300家商铺。其中大部分商铺由西镇人所有并经营。这就意味着总计1000户、约8000人的西镇，每3—4户或20—30人就有一家商铺。[2]这一比例尚不令人意外，但是这些商铺中有些是小规模的家庭经营，还有些是规模庞大的商号，这些商号雇员众多，经常有员工来往于散落各地的分号。

贸易活动或在店铺里进行，或由家庭与集市直接往来，或在镇内外互通有无。这并无固定模式。如果自家拥有店铺，那么贸易活动基本是持续的。其他方式的买卖可能是间歇的。生意人是否特意去集市、下关或昆明跑生意，往往完全取决于是否有利可图。因此，有些不以商贸为正式职业的人，几乎都会偶尔做做生意。实际上这类人应当把农民、工匠，甚至大部分在校青年都囊括进来。显然，贸易活动的重要性远超已有商铺数量所能体现的范围。

西镇和整个西南地区最有意思的现象是女性普遍经商。关

1　开弦弓村（江苏省）有360户家庭。其中仅有6个纺丝者，10个零售商，4个航船主，25个工匠或手艺人，如木匠、裁缝和产婆，这些共45户，约占总数的12%（参见 H. T. Fei, *Peasant Life in China*, London, 1939, pp. 139-140）。从费孝通这里我们还获悉，这12%的零售商、工匠和手艺人等大部分是男性。关于这一主题，陈达提供了更详细的数据。根据陈达在江阴（江苏省）收集和调查到的情况，男女经商人数占总人口的4.5%，这一比例在江宁（江苏省）为11.5%，在兰溪（浙江省）为7.31%，在呈贡（云南省）为1.77%，在昆明滇池地区（云南省）为11.72%，在四川省三个县为8.11%。其中，男性经商人数分别占当地男性总人口的7.12%、15.43%、13.04%、2.34%、15.04%和9.72%。如果包括生产人数，所占比例还要再翻一倍，但不会比这更多（参见 Ta Chen, *Population in Modern China*, Chicago, 1946, p. 116）。
2　凤凰村（广东省）共650人，有21家店铺，其中15家是外来人所有和经营。村里仅有一位法师和一位算命先生。21家店铺中，有13家食品店和猪肉铺，2家药铺，1家鸦片馆，1家理发店，1家干货店，1家纸店，1家棺材铺及1家染坊（参见 Daniel Harrison Kulp, *Country Life in South China*, New York, 1925, pp. 36, 90, 94）。

于这点，正式记录和实际情况出入甚大。

以下是前文 51 户家庭中 15 岁以上女性成员的职业列表。

纺织	48
无业	19
照料家庭	7
学生	5
政府工作	1
医护	1
产婆	1
农事	1
不详	4
共计	86[1]

前文提到的西镇各个片区的 42 户抽样调查表明，从事纺织业的女性同样占据主流。

多数女性在家纺织。她们用的纱线可能由当地一家小工厂提供。工厂对女工的洗纱和整经按件付酬。有些女工与工厂签订合同，将纱线织成布，同样按件计酬。这与当时河北高阳地区盛行的"商人雇主制"十分相似。1933 年，高阳 80% 以上的家庭都加入该制度中。这些商人雇主为村民提供织机和纱线，并将其成品销往中国大部分地区甚至海外（新加坡）。[2] 西镇雇主

1　在前文所引的六个地方的制造业中女工的比例为：0.48%（江阴）、1.66%（江宁）、0.41%（兰溪）、3.57%（呈贡）、8.77%（昆明滇池地区）和 56.3%（四川三县）。各地区女性从事商贸的比例为 1.27%（江阴）、0.10%（江宁）、0.38%（兰溪）、1.22%（呈贡）、7.00%（昆明滇池地区）和 3.89%（四川三县），参见 Ta Chen, op. cit., p. 116。（编者按：此表中数据疑有误，实际共计 87 人。）

2　关于高阳的商人雇主制的完整阐述参见吴知，《从一般工业制度的演进观察高阳的织布工业》，天津，南开经济研究所，1934。

的生意规模极为有限。我在镇上只找到两家说得上是工厂的地方，其规模都很小，其中一家还在庙里。每家工厂仅有大约 10 架妇女家用式手织机，工人均不足 20 人。

但是，这张表格称西镇超过 50% 的女性是挣工资的纺纱工和纺织工，无疑具有误导性。她们大部分仅是将其看作个人生计的一部分。她们买来纱线，洗净晾干，再用家庭织布机织成布，然后将成品送到专业染坊，最后自己把布料拿到集市上去卖。集市是一项绝妙的制度，尤其对西镇的妇女而言。这张典型的日程表展示了一名妇女如何使自己的生活与这项制度相协调。她是四个儿子的母亲，其中三个已经结婚成家。

8 月 16 日　西镇集市

她买来纱线，在家洗净晾干，开始织布。

17—18 日　邓川集市

她让长子去打听包括布料和纱线在内的各类商品的价格。她的儿子还可帮她售卖其用本月 6 日所买纱线织成的布。

19 日　西镇集市

她去集市打听价格。如果价格合适就买更多的纱线或布料。

20 日　龙街

16 日所买纱线已织成待染色的布匹，她将布匹送到染坊，然后去集市售卖用本月 10 日在西镇集市所买纱线而织成的布。

22 日　西镇集市

如果价格合适，就买更多织布用的纱线。如果昨天在龙街时布匹销量可观，她一定会再买一些纱线。

23—24 日　邓川集市

她将 19 日所买纱线织成的布送到染坊。她让儿子去集市售卖本月 13—14 日所买纱线织成的布。

25 日　西镇集市

她购买更多纱线。

26 日　狗街

她售卖用本月 16 日（西镇集市）所买纱线织成的布。

这名妇女资金充裕，所以能够持续经营她的生意。那些不像她这般幸运的人不得不等到卖出一批布后，才能买更多的纱线，织更多的布。老妪们偏好另一种方法。该法利润更少，但简单轻松。许多老妪在集市（例如西镇集市）买进白布，自己染色或付钱给专业染坊染色，然后在另一个集市（通常是龙街或狗街）售卖。染色一般需要 4—6 天。

这些妇女的平均收入可用以下方式推出：1943 年 8 月，粗纱线的价格是每斤（16 盎司[1]）400 元（以下此类数字均为中国货币单位），细纱线每斤约 700 元。每种纱线 7 盎司能织布一匹（一"匹"是当地量布单位，约 20—22 尺[2]长，1 尺 2 寸宽）。[3] 每匹生白布市场价格约 550 元。织布一匹需一个工作日，那么每天净收入约为 60 元。相同工作时长的农业劳工的日工资约 100 元。

西镇妇女还经营其他各项买卖。她们售卖蔬菜、火柴、种子、锅碗瓢盆、大米大豆、糕点面条 —— 几乎所有市场上能找到的商品她们都卖。每个市场都是女人比男人多。不夸张地说，

1　1 盎司约合 28.3 克。——编者注

2　1 尺（10 寸）约合 0.3 米。——编者注

3　西镇的"一尺"比美国的"一英尺"略长。

每个西镇女人多少都做点买卖。

商铺经营者中也有不少女性。有些商铺本着精诚合作的精神进行非正式的管理。以一家糕点铺为例。店主一家五口：母亲、儿子、儿媳和两个不满三岁的孩子。母亲和面准备面团，儿子烘焙、售卖糕点。儿媳照顾孩子，为全家煮饭烧菜。忙不过来的时候，她也来店里搭把手。

另一些家庭经营的店铺，丈夫做甩手掌柜，只关心净收入。前文提及的赌徒丈夫，便是一个极端但并不罕见的例子。夫妻在赌坊里吵了一架之后，丈夫暴打了妻子一顿。据说此后丈夫比之前更加不关心家庭和店铺。时人相信这是赌坊主人为了报复，在他身上施了一种巫术（tze you hsi）。这种巫术由洱海东面一个村庄里的神婆所施。总之，这位妻子相较之前，更为家庭和店铺的事情操劳。她有四个孩子，年纪最大的仅 15 岁，最小的还在襁褓之中。而丈夫依旧沉迷赌博。

我们分析得出的最终结论是，男女工作极为相似。当然二者在工作量上有明显差异。第一，妇女的工作一般比男人的辛苦。她们每天早早得起床，像牲口一样劳作一整天，晚上早早就得去睡觉；而男人睡到日上三竿，闲聊、喝茶、抽鸦片度过一天的美好时光，晚上也比妻子和母亲睡得晚。西镇有大量男性抽鸦片，但我极力寻找也没有发现任何女性沉溺其中。第二，男人经商的范围远超过女人。他们可以做长途贸易——去下关、剑川等其他地方。相当一部分西镇男人去缅甸、中南半岛、香港、上海和其他港口城市做生意。有些人一夜暴富。有些人成了省府商界的要人。另一方面，妇女"出动"（sorties）更为频繁，但这也意味着，她们将自身限制在短距离之内。经营范围最多不过 5—15 英里。她们的买卖比起自己丈夫的，不过是小本生意。

　　第三，大商号比起小商铺在管理组织上更为正规。大商号组织严密，以至于没有女性参与。家庭小店铺通常会占用家宅中的一部分。大企业一般则有独立的经营场所。西镇至少有两家大商号在规模上可以媲美天津或上海的一些巨型企业。这两家商号在昆明、上海、香港、仰光、海防[1]，甚至更南边的许多城市都有分号。自从1941年最后一条通往缅甸的陆地公路封闭之后，这两家商号都在印度加尔各答保留了代表，以保持和外界联系，并为海上通道的重启做准备。

　　这些大商号由经理和副经理管理，下有职员、工人、技术人员、销售员、会计和学徒。他们生产、投资、进口和出口，参与任何有利可图的生意。虽然这些大商号的员工有些是老板的家人或亲戚，但也有其他西镇人和外地人。女性要是来这里工作，就意味着打破了性别隔离原则，而性别隔离原则是社会组织的要素之一。

　　尽管存在这些差异，人们还是可以看到夫妻共同经营食品摊、小商铺，一起赶街，双双下地。无论男女，依其便利，各尽其能。唯一严格属于女性的工作是洗涤衣物。编修家谱则只能由男人从事，此外还有紧急情况（如瘟疫）下祭拜神明的仪式，也是男人从事的。在这种时候，甚至连为法师烧菜煮饭的也是男人。

　　因此，在西镇，"性别优势"更多在于社会含义而非生理特点。一般认为，男人应在妻子面前具有权威。他在任何争吵中都必须表现出制服妻子的能力，否则就会沦为众人眼中的笑柄。在

1　越南北部一城市。——编者注

劳作上，男女差别甚微。事实上，有些妇女能身背重物，步行数里。在这方面，穷人家的妇女往往比富人家的妇女承担更艰辛的劳作。每逢赶集或庙会的日子，人们在路上看到的妇女数量可能是男人的三倍，她们每个人都背着满筐的蔬菜、核桃、番薯或大捆竹竿，甚至桌子、抽屉柜等。这些妇女大多一双天足，居住在边远的村落，西镇人称她们为贫穷的"乡下人"（tribes people）。

第四章

延续香火

西镇人的求子之心十分强烈。依照当地风俗，男性后代能保祖先牌位前的香火永续。香火永续，则世系绵延。

求得男性后裔有两种方式：收养和婚配。虽然收养时有发生，但不为人所喜，即使是近亲过继也是如此。

年长男性无子嗣这件事，发生在任何人身上都难免令人郁郁寡欢。旁人也会对他施以同情。正如上了年纪的美国人不愿意提及年龄，一个没有子嗣的西镇人被问及其妻的不孕不育，也倍感冒犯。他也无法享受权势与富贵，越是称雄一方、家财万贯，就越是人们嫉妒和可怜的对象，也越觉得众人都在嘲笑他。无子之人譬如无根之树，绝后之人深知谁才是最终赢家。待到他年老体衰，他的权力和财富也会弃他而去。他可以过继兄弟的儿子或堂兄弟的儿子，但人人皆知继子不如亲子。继子也不会待养父如生父。对一个女人来说，没有儿子更糟糕。大部分西镇人都听闻过 z（Yi 家，见附录一）的事情。z 出嫁时23 岁，婚后三个月丈夫就远赴日本。一年后他在日本过世；她连丈夫的棺材都没有见上。因为婆家富裕，所以她也没有改嫁——而是过继了丈夫兄长的次子。z 现今 37 岁左右，继子在昆明读高中，也已 19 岁。表面上诸事无虞，事实上 z 的处境十分令人心酸，她不但没有得到情感的慰藉，甚至连作为一个母亲应有的尊严都没有。男孩回来的时候，既不称呼 z 为母亲，也不住在她那排房屋，亦不陪她吃饭。他总是径直去找生母，完全无视 z。

z 和继子都心知肚明，无论他对她如何冷漠，除了这个男孩没有旁人能继承 z 的那部分家产。虽说民国法律规定个人在就其意愿处理财产方面享有全部的自由，但依照西镇的习俗，一个人若是无后，家产就由过继而来的兄弟之子继承，如果没有正式过继，家产就分给其兄弟们的所有儿子。习俗仍是西镇人为人处事的决定因素。

无后之人生前凄苦，死后也不得安宁。灵魂会像流浪者一样，穷困苦厄，依靠施舍度日。具体情况我们将在第六章中详述。

西镇人认为孩子生病是神鬼作祟，怀孕与否、生男生女同样也受神鬼影响。求子风俗有以下诸种：

（1）正月初八，狗街（见图1）外的唐梅寺有香火庙会。庙宇正中供着送子娘娘。各式男婴男童围绕着神像。庙会这天，没有子嗣的夫妇会带着香烛来敬奉娘娘。每对夫妇都将一炷香插在神像前香案上的香炉里，并寻一对烛台插上香烛。然后他们会带些香案上的供香和香烛回家。如此可增加他们得子的概率。

（2）二月十七，蒙化（西镇西南约90英里处）巍宝山寺有盛大庙会。许多西镇人前去求子。

（3）三月三，湾桥（西镇南边7英里处）附近的保和寺举办庙会纪念太子。太子的神像是一尊小木雕。参加庙会的男男女女朝神像投掷钱币，击中神像的人便会得子。朝神像掷钱币的女人多少有些难为情，她们有的以帽掩面，击中后便匆匆离去。

（4）四月初八，西镇及其余诸多庙中供有太子像的村落都会举办庙会。庙会流程与三月三的活动相同，以保成功怀孕者生下的是儿子。

（5）六月二十五是流行于云南各地的火把节。火把节的由来有许多传说，在此无法详叙。每年这天晚上，西镇的人们用竹子和稻草扎起几个高达15—20英尺的巨型火把，竖在镇内各处。每个火把顶部安着一个小纸斗（斗是用于称量粮食谷物的盒状量器）。黄昏时分，成群男女老少围在各个火把下。一名男子借着梯子爬到火把中间并把它点燃。众人欢呼雀跃。当火把烧断为两截时，纸斗会掉落。在落地前接住斗的人，来年便有添子之福；抢斗者多为新婚夫妇。有些富裕人家甚至花钱雇佣青壮年去抢斗。有时抢斗还会引发流血事件。抢到斗的家庭要负责次年本区域火把节的开销。

（6）西镇西边1.5英里的地方有座名为圣源寺的庙宇。庙里最受尊崇的神祇是阿太（意为"老妪"），其神像较小，仅2英尺高。她有一双裹足小脚，虔敬的妇女总为她准备许多鞋子。女子若是急于怀孕，便到庙里的神像上偷一只鞋子。她把鞋子带回家以后，将鞋带烧成灰烬并服下。之后她再做一双新鞋带去给阿太神。九月初一，生了儿子的妇女都要来拜谢阿太神。其他人则是来祈求得子之福。我到该寺调查期间，阿太神的神像上仅有一只鞋子了。

婚配之优劣

和传统中国的其他地方一样，在西镇，婚姻乃家庭大事。

家庭需要后代，父母渴望孙辈（尤其是孙子）绕膝，这些都会促成婚配之事。亲属间互相通婚比比皆是，但需遵守某些限制和规矩。理论上来讲，血亲婚姻是绝对禁止的。有的家谱清晰地反映了人们为坚持该原则所做的努力，所有这些家谱都详细记录了赘婚的具体信息，如赘婿原本家庭的姓氏和原籍（假如是个外乡人赘入本族之中的情况），或是赘婿所赘入家庭的信息（假如是本地一个宗族成员赘入另一个宗族之中的情况）。这么做显然是"为了避免将来无意间酿成血亲结婚的大错"。事实上，也不是所有血亲之间都不能结婚。习俗并不禁止同姓两家成为姻亲。查阅家谱或考察现有家庭的构成可以充分了解这一点。T 家的家谱记载，族中有 4 位妻子婚前姓 T；Y 家的家谱中则有 16 位妻子婚前也姓 Y；Ch 家有 3 位妻子婚前就姓 Ch，诸如此类。此习俗至今仍十分普遍，这可以从当前西镇任一家庭的构成中得到证实。另一方面，如果同姓的两人同属一宗，那么即使他们的关系出了五服也不能结婚。[1] 所有报告人一致如此认为。在人们往来密切、家谱完备的地方，这一问题不难规避。

　　基于这一规定，西镇的婚配有几个有趣的特征。首先，我考察过的家谱中关于家庭过去和现在的亲属的记载都表明了一致的婚配倾向——某一姓氏的人总是青睐和另一姓氏的人结亲。例如，前文提及的 Ch 家谱显示，家族中有十七代人与 Y 姓女子结婚。单单这一点并不意味着这些女性同出一宗，因为西镇至少有十个彼此没有血缘关系的 Y 姓家族。但 Ch 家谱的以下两组

1　"五服"在字面上是指五等级的丧服。它包含直系的九代人（己身和上下各四代）。在旁系亲属方面，它还包含己身的兄弟姐妹和三代以内的堂兄弟姐妹。关于五服的图解，见 F. L. K. Hsu, "The Problem of Incest Tabu in a North China Village," *American Anthropologist*, XLII, (January–March, 1940), p. 124。

数据十分重要：（1）1 例同母五兄弟中的三人、2 例同母三兄弟、7 例同父同母两亲兄弟、6 例三兄弟中的两人、3 例四亲兄弟中的三人，以及 1 例四亲兄弟全部都娶了婚前姓 Y 的女子；（2）对一些娶 Y 姓女子为妻的男性的直系祖先进行研究，结果表明，在一案例中这一关系持续了六代，在这六代中，每代有 2/3 或 3/4 的男性与 Y 姓女子结婚。在另两个例子中，Ch 姓和 Y 姓的联姻持续了九代。有一两个例子，祖父和孙子娶 Y 姓女子为妻，而处在中间的父亲另娶他姓。但大多数情况下，这种关系是连续的。这些事实至少表明，许多有着婆婆和儿媳，或是祖母和孙媳等此类关系的女性可能来自同一个 Y 姓家族。

T 家家谱更确证了这一结论。T 家族中，172 人娶 Y 姓女子为妻，22 人娶 Yi 姓女子为妻，65 人娶 Ch 姓女子为妻，48 人娶 L 姓女子为妻。我们可能会对 Y 姓女子的来源抱有疑问，因为镇上共有十多个 Y 姓宗族，但 Yi 姓女子无疑出自同宗，L 姓女子亦是，因为西镇上只有一个 L 姓家族和一个 Yi 姓家族。

其次，两个宗族间只有一种婚姻形式值得鼓励，第二种婚姻形式可被容忍（tolerated），此外的其他婚姻形式都被禁止（forbidden）。西镇人最为偏爱的婚姻形式是父亲的姐妹的儿子（姑之子）娶母亲的兄弟的女儿（舅之女）（交表婚的一种类型），以及同一家族的两姐妹与另一个家族的两兄弟结为连理。若是姑之子与舅之女不能成婚，那么就会优先考虑在父亲最长或次长的堂姐妹之子与母亲最长或次长的堂兄弟之女之间联姻。以下例子就十分典型。

如图 16 所示，在家族的第三代中，兄弟二人分别娶了堂姐妹二人为妻，家族第四代 a2w 将与其父亲的姐妹 aw1 的"儿子"结婚。事实上，aw1 已过世，a2w 未来的婆婆另有他人，但这并

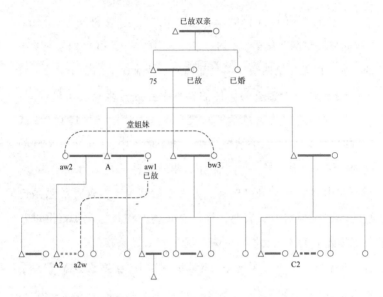

图 16　C 家的姻亲关系

aw1 是 a2w 父亲的姐妹。虽然 aw1 已故，且位置已由 aw2 取代，但 a2w 和 A2 未来结亲在严格意义上被视为符合优先模式。双虚线表示订婚。

不影响该婚姻形式的优先性。

　　虽然我无法确认这种婚姻形式的实际发生频率，但所有报告人一致同意这一类型的婚配大量存在。一个可靠的报告人甚至认为，在西镇这种婚姻形式所占比例高达 70%。这可能估计过高，因为事实表明一个家族即使有一些符合优先模式的婚姻，往往也有无视模式的自由婚姻。但关于这点必须说明两件事：首先，这一婚姻形式不仅在西镇，而且在云南和我所了解的中国其他地方也备受推崇，例如广东、江苏、湖北、河北，以及东北诸省。其次，经常有同一宗族内的两亲姐妹或堂姐妹嫁给另一宗族内的两亲兄弟或堂兄弟的情况。这类婚配与姑之子娶舅之女的性质相同，也应当被计入交表婚的优先型案例中。

　　男子与他母亲的姐妹的女儿结婚，或女子与她母亲的姐妹的儿子结婚，可被人们勉强接受。西镇人承认这类婚姻形式存在，但极为罕见。

　　被许可和被容忍的婚姻形式并非严格界定。事实上，许多婚姻是同一婚姻形式的不同变体。以下三个家庭之间的姻亲关系说明，两姐妹的孩子间的婚姻可变为母亲姐妹的丈夫之侄与母亲的丈夫的兄弟的妻子的姐妹之女之间的婚姻；而父亲的姐妹之子与母亲的兄弟之女之间的婚姻亦可变为父亲的堂表姐妹之子与母亲的堂表兄弟之女之间的婚姻。

　　西镇人不允许父亲的姐妹的女儿（姑之女）嫁母亲的兄

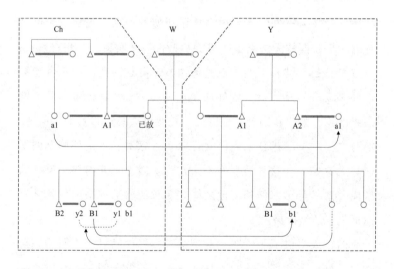

图 17　三家的姻亲关系
Y 家族的 B1 是 b1 的母亲姐妹的丈夫的侄子（b1 是他的妻子）。鉴于上一代的婚姻关系（a1 与 A2 之间），B1 和 b1 的婚姻同样也是父亲的堂表姐妹之子与母亲的堂表兄弟之女之间的婚姻，遵从了受认可的交表婚模式（即父亲姐妹之子与母亲兄弟之女婚配）。y1 和 y2 均来自 Y 家族，她们按父家来算是堂姐妹。（右 b1 的箭头来源疑应为左 b1，而非左 B1。——编者注）

弟的儿子（舅之子），以及任何形式的"交换婚"（exchange marriage），例如一个家族的兄妹两人或姐弟两人（或者两个异性的堂表亲）分别和另一个家族的两姐弟或者两兄妹（或者两个异性的堂表亲）结婚都是不被允许的。因为显而易见，如果交换婚持续一代以上，就会自动变成交表婚中不被许可的类型。

西镇人一致反对这种婚配类型，大部分人甚至否认发生过此类婚姻。但事实并非如此，在前述图表中，来自同一个 Y 姓家族的 y1 和 y2 两名女性均与 Ch 家结婚，而她们丈夫的姐妹们则嫁到了 Y 家。

而且，对同个 Ch 家家谱的研究表明，家族中有 20 人和 T 家女性结婚；而对 T 家家谱的研究表明，有 65 人与 Ch 家女性结婚。对其他家谱的研究也呈现了相似的关系。当然，如果没有进一步数据就无法确定这些婚姻是否为交换婚。一些嫁入 Ch 家或 T 家的女性有可能来自其他地方，但是这些女性不可能都是外来人。另外，众人皆知西镇的两个 Ch 姓宗族和一个 T 姓宗族已经有数代联姻关系。因此，长期以来必定有若干交换婚；换言之，由于已有 B 宗族中女性嫁入 A 宗族，A 宗族妇女便不能嫁入 B 宗族，这种情况并不会发生。因为宗族内两个家庭的亲属关系不至于密切到使他们能立刻辨认出某一婚配是姑之女嫁舅之子的交换婚模式。

西镇人提供了若干明确的理由来解释他们对于不同婚姻形式的偏好，但我们无法在此详述。关于这整个问题，我另有一篇文章论及。[1]

1　F. L. K. Hsu, "Observations on Cross-Cousin Marriage in China," *American Anthropologist*, n.s., XLVII (January-March, 1945), pp. 83–103.

订婚和婚礼

当然，除了优先婚和容忍婚之外，还有大量婚姻发生在远房亲属，甚至毫无亲缘关系的家庭之间。媒人的作用在这类婚姻中至关重要。她必须代表男方到女方家中求亲，并询问女方的"八字"（出生的年月日时），然后商定聘礼。女方家给出八字，就表示初步同意这门婚事。随后男方家就会把八字送到算命先生处，看男女双方八字是否相合。媒人需要对双方家庭十分熟悉，才能回答两家对于彼此的疑问。她通常是女方家的亲戚或朋友。媒人一般是女性，但也有可能是男性；可能是专职的，也可能是业余的。当媒人使女方家同意这门亲事后，就轮到算命先生出场了。在所有婚姻中算命先生都十分重要。算命先生通常是男性，偶尔也有些是女性。其中大部分是盲人。他们使用测算八字的方法来看双方是否合适，这种方法在中国各处都十分普遍。禄是遒（Henri Dore）在他的里程碑式的著作《中国民间崇拜》（*Recherches sur les superstitions en Chine*）一书中对算命体系进行了整体论述。[1] 算命和欧洲占星术类似，都关涉婚配的"适当性"（suitability）及其他问题。在 1941 年，算命先生一次要收费 200 元。

即使一桩婚事属于优先型，也必须有一人做媒，并询问算命先生的意见，否则就是私订终身，而且万一遭遇困扰或是不满，也无人从中调解。但就优先婚而言，媒人可以是任何一位亲戚。如果家中定下了这门亲事，一般他们就会去向若干算命先生咨询，得到的结论之间常常相互矛盾。并非这些家庭轻视

1　关于此书的一些误传，见 J. G. Cormack, *Chinese Birthday, Wedding, Funeral and Other Customs*, Peking, 1923, pp. 35–36。

算命体系，而是如果某位算命先生没有给出他们希望的回答时，他们总能从他身上找到错漏。

一旦婚事确认"合适"，就要选日子订婚。订婚没有正式的仪式。男方母亲去到女方家中，带上聘礼，以及一小笔礼金，礼金用一张写有订婚人名字的红纸包着。这是正式承认婚姻关系的开始，西镇人称为"chi chieh nao kuai hsi"[1]。订婚时有些必不可少的礼物，要用红纸包上，根据1943年的调查，我能确定的聘礼大致包括：（1）至少六对方糖（一对重约2磅[2]）；（2）至少两包水烟烟丝（两包重约1.5磅）；（3）两瓶白酒（约2品脱[3]）；（4）几磅什锦糖（核桃糖、松子糖等）；（5）约1000元（1942—1943年）[4]。

订婚一共要花费约2000元。女方家要设宴招待男方母亲以及同来的亲戚、媒人。同日，男方家也摆宴庆贺，向亲戚和家人赠送方糖和烟丝。一些富庶人家可能会像婚礼一样邀请外人做客。

订婚只是男方家向女方家赠礼的开端。男方家还要向女方家赠送至少两次礼金和礼物。有时订婚之后男方家还会往女方家送金银玉石等礼物和一笔比订婚礼金数额更大的礼金——总数可能高达订婚礼金的十倍（1943年，中等家庭差不多是10000元）。所送礼物为女子的首饰：一对玉镯（1943年，市值为1000—2000元）、一两对耳环、一两支发簪（1943年，银质价约200—300元，金质价约1000—2000元），等等。这被称

---

1 当地方言，意为亲戚的关系。——译者注
2 1磅约合0.5千克。——编者注
3 1品脱（美制）约合0.5升。——编者注
4 在1942—1943年，美元对银圆的市场汇率约为1∶60。

为"小订",意为小订婚。临近婚礼前,男方家会再给女方家送一次彩礼,这次甚至比第二次赠礼还要丰厚,有时几近后者的三四倍（1943 年,约 30000—40000 元）。除了礼金之外,这次还要另外赠送大量猪肉（有时合计半头猪）,四类杂食和一些送给新娘的衣料。

彩礼的数额先由女方家提出,然后由媒人转达给男方家。双方常有讨价还价,这时媒人要往返两家,直至达成共识。男方家的彩礼按照预想是给新娘置办嫁妆的。通常大部分礼金也确确实实成了新娘的嫁妆,至于剩下那部分,只有富裕人家才会留给新娘供其婚后自用。C 家的一个孙女嫁进 Y 家。Y 家最后一次礼金送了 36000 元。女方家坚称这笔钱不够置办嫁妆,要求对方加钱。许多旁人都说女方家人从中大捞了一笔。

订婚第一年期间,男方家须送两样实物做聘礼,这礼物并不值钱,男方家即使再贫寒也要置备。八月十五（中秋节）,男方家要给女方家送一个巨大的圆形面糕。白色的甜面糕顶部绘有红花,直径通常约有 3 英尺,重达 20 磅。九月初七,男方家还要送给对方一个类似的大圆面糕,但这个面糕掺杂有高粱,因而颜色红中带黄,面上绘有相似的花朵等图案。这些面糕不必非得男方家人亲自带上门,可由仆人送来。有些时候在婚礼前,男方家会再送一个白色大面糕,但这类情况并非惯例。这些大面糕,和订婚时的烟丝、方糖一样,将免费分给女方亲戚。如果定亲状态长达一年以上,这些礼节可以重复也可以不重复。

西镇人喜欢早早定亲——在七八九岁,特别是在优先婚的情况下。但并没有一定之规,十六七八岁订婚的也大有人在。夫妻间年龄悬殊会被认为不正常。西镇人虽盼子心切却不热衷早婚。西镇的最低婚配年龄为男性十七岁,女性十六岁,不过多数男女青年都是在此两年、三年或四年后才成婚。我知道一桩婚姻，女孩十四岁，丈夫十七岁，但是人们都说这是因为男方家急需帮手。他的父亲双目几乎失明，母亲年老体弱。男方在大理火柴厂打工。一般来说，订婚状态可能持续一两年（如果订婚双方都在适婚年龄）到五六年，甚至十年（如果订婚双方还是孩童）不等。在中国其他大部分地方，订婚的这几年，两家虽互相赠礼（social exchange of gifts），交往走动，但婚配的男方和女方绝不会去对方家里，也不能互相碰面。西镇的情况与之不同。从订婚之日起，男方和女方就开始在未来配偶家中扮演积极角色。

正如所料，男方对未来岳父家的义务要少于女方对未来夫家的义务。即使如此，他也要参加女方家的所有重要仪式，发挥社会功能。近些年，他的照片可能会和其他家庭成员的照片一起挂在客厅墙上。如果他未来的岳父或岳母去世，女方家会送他一顶新瓜皮帽和两块方糖（和定亲时送给女方家的类似），以这种方式告丧。尔后他会带着两三碗米、一些纸钱和若干礼金，以及一张写有特定祷文的黄纸前去女方家吊唁以示哀悼。他跪在遗体前念诵祷文（或旁人替他念），磕头，接着焚烧祷文和纸钱，然后按逝者之子的礼制来服丧。

女方第一次去未来夫家时总是被盛宴款待，这次到访有可能是在她未来的公公或婆婆过世的时候（她也必须像真正的儿媳那样服丧），或者在订婚后的第一个清明节，也就是农历三月到祖先墓地祭祖的日子。清明节历时约两周，在此期间所有的家庭成员——除了格外年老体弱的——都会同一批或者分成两批前去扫墓。通常男方家会邀请女方作为家庭成员一起去扫墓。她会在清明节前几天去未来夫家，数天后再回到自己父母家。

在此期间，如果她未来丈夫的父亲或母亲过世，或者父母俱亡，她必须和未婚夫服同等丧服，直到她回到自己父母家方可除去丧服。订婚期间，有些年轻男子也会去未婚妻家并遵守同样的礼节，但这不是必须做的。

年轻女子第一次拜访后，她就会时常前去男方家。她不单是特殊仪式和节庆场合须在场——例如葬礼、婚礼或农历新年，如果未来公婆卧病，她也要前去探望。她也可能像已婚的女子一样待在未来夫家，期限不定，只偶尔回家看望自己的父母。在一些案例中，年轻女子会待很长时间，甚至超过六个月。

a2w 和她未来夫家的关系（见图 16）很好地说明了这一点。她的未婚夫是一个本地的初中毕业生，在昆明的酒厂工作，一年中多数时候不在家中。他们自幼定亲，但约两年前，他告诉他的母亲（她与这个女孩无血亲关系），如果女方仍旧不识字，他一定会悔婚。女方家无视这一威胁，但男方母亲是本地的一名小学老师，而且她不希望该婚姻付诸东流，因为这很可能会影响他们一家与其丈夫首任妻子的娘家之间的关系。于是男方母亲开始照顾这个年轻女孩，将她送进自己任教的小学。这个准儿媳妇到未来夫家一住就是两个月、三个月，甚至五六个月。在仔细调查之前，我想当然地以为她就是家中的正式成员。她几乎参与了所有家庭生活和劳作，睡觉、劳动、吃饭，自然也偶尔和其他家庭成员前去赶集。通常只有未婚夫回来时，她才回到自己父母家。事实上，他们并没有义务回避对方。他们不可以交往过密，亲昵交谈，共同用餐。但绝对没有禁止偶尔的言语交流，而且他们会一同去给先人扫墓。这个家庭的另一个准儿媳妇（第四代中 C2 的未婚妻），最近刚订婚，她到未来丈夫家的频率更低，时间更短。有些西镇人认为，女孩要是打小定亲就可以密切地参与未来夫家的日常生活劳作，而"成年"后定亲的女子仅在特定仪式或节庆场合拜访未来夫家。其他西镇人则认为实际上不必如此，并且举例证明。孩提定亲和"成年"后定亲之间没有绝对分界，女孩待在未来夫家的时间长短似乎取决于她与他们和睦相处的能力。因此，订婚时间越长，未来儿媳对自己所将要融入的家庭的生活劳作就越熟悉。

正因如此，加之西镇人对定娃娃亲的偏爱，显然对大部分西镇的姑娘而言，婚姻是一个渐进过程，婚礼也不意味着心理、社会甚至生理的巨大转变。如果她们在婚前完全隔绝于未来夫家的生活与劳作，反倒有可能是那样。这一点对西镇家庭生活有重要影响。

直到最近，定亲对男女双方仍有绝对约束力。一旦订婚，就不可悔约。当然，男性可以通过纳妾来逃避，但他们都必须娶第一位定亲者为妻，无一例外。而今在学校和外界的影响下，风气有所改变。威胁未婚妻若不学会识字，就要解除婚约的年轻人，便是一个典型例子。

据我所知，至少有三个订婚解除或暂时搁置的案例。1941年农历八月，当地一所初中学校初二的学生经家中安排与人定亲，但她与另一个人私奔去了昆明。这件事在当地引起一片哗然。最终，因为"找不到"女孩，她的父母退还了订婚时所收的全部聘礼和礼金。

另一个例子是当地一名去昆明上学的 T 家女孩。她自幼与父亲堂姐妹的儿子定亲。女孩的未婚夫上了一两年学后在下关当店员。女孩在昆明时开始和男生们走得很近，这"损害"了她在西镇的名誉。她的家人立刻将她带回，并留在家中。自那时起，女孩开始和一个在西镇避难的大学生约会。一天两人在田间漫步时，三名持枪男子拦住他们，威胁要割掉他们的鼻子（这是西镇对通奸的传统惩罚），因为他们的行为败坏了本地风俗。很快聚集了许多人围观，其中有些是大学生的同校同学。如果真的发生暴力事件，他们定会为两个受害人出头。虽然二人的鼻子保住了，但还是被绑起来送到了当地警局；后者把他们交给西镇南边的镇公所，公所又把他们移交给地方法院。因为无法进行法律指控，法院很快释放了他们。据说，这三名持枪者或是女孩未婚夫的朋友，或是他雇的人，都是当地的流氓无赖，想从受害人身上敲诈一笔钱财。此外，女孩的寡母已同意她和男大学生交往。即便如此，西镇人对此看法明显不一。最后定亲作废，未婚夫家的礼金和聘礼也都一一退还。现今女孩住在昆明，和这个大学生的婚姻幸福美满，而后者今已取得文学学士学位。

第三个例子发生在西镇北面的洱源县，大理地方法院记载了此事。我在其他地方详细引用过这个案例，[1] 故在此略述——一个年轻人被他的未婚妻及其姐姐谋杀。他的未婚妻与一名中学生相恋，她认为谋杀这个自幼和她订婚的未婚夫是摆脱两人结婚义务的唯一办法。

这三个例子各有不同，但都呈现了西镇定亲的实际效力。前两个女孩最终与自己所选择的男人私奔，至今无法回到西镇生活。

订婚之后就该举行婚礼了，二者间隔有长有短。婚礼和订婚不同，极为正式。其中规定的仪式和礼节至关重要。通常由

1　见 F. L. K. Hsu, "Some Problems of Chinese Law in Operation Today," *Far Eastern Quarterly*, May, 1944, pp. 217–218.

男方家决定婚期。有一些因素可能使婚礼提前,例如男方母亲过世;但如果女方家中需要女孩的帮助,她的父母有权推迟婚期,或者如果他们觉得节省粮食更为紧要的话,也可以提前婚期。婚礼的吉日和吉时完全由男方家根据算命先生的建议决定。算命先生不仅要选定婚礼的吉日吉时,还须规定轿子进门的确切时刻、新娘首次进入自己房间后就座的朝向,等等。所有这些都与将来婚姻生活的成功、家庭整体的幸福息息相关。

婚仪场面极具特色,但就本章目的而言,略述即可。婚礼前一天,要把女方的嫁妆送到男方家。雇来的挑工挑着所有嫁妆,列队穿过大街。如果两家相距不远,挑嫁妆的队伍会绕上长长一大圈,让更多人有机会看到此过程。以下是一个嫁给 Y 家的 C 家女孩的嫁妆清单。在我看来,这是一份十分典型的中等家庭嫁妆:

皮箱一对

斗柜三个

红漆方杌一对

红漆小方杌一对

雪花膏两瓶

扑面粉四罐

胭脂两罐

甘油两瓶

砚台一方

玻璃托盘两个(用来装水果)

毛笔若干

玻璃水杯四对

西式钢笔两支

铅笔若干

本地扑面粉两罐

女子礼服三件

　一件呢料

　一件红缎

　一件黄缎

棉布衣裳约十五套

鞋靴六双 [1]

　　大件物品，如箱子、桌子，每件单独搬运；小件物品，如瓶装雪花膏和鞋子，则两件或四件（成双）地放在托盘上。如此安排，使挑着上述所列物品的人排成了长长一队。队伍中有锣鼓乐队同行，礼宾相伴。

　　婚礼的第二件要物是红花轿和祭祀供品。精心装饰的轿子布满绣花图案，四面玻璃窗盖着帘子。多数图案寓意早生贵子。男方家会租用一顶红轿子和一两顶蓝轿子去新娘家迎接新娘。新郎坐两顶蓝轿子中的一顶，他父亲的姐妹或堂姐妹或兄弟之妻坐另一顶。他们被乐队簇拥前去，带着红轿子里的新娘回来。在离开家前，新娘往往逡巡蹑足，有时和母亲相拥而泣，泪流不止。大红花轿和逡巡不发是一名女子在她第一次婚礼上的特权，因此对她的名誉和尊严至关重要。

　　花轿抵达新郎家后，要进行三项拜礼：新人一拜天地，二

1　土地和房产从来不会作为嫁妆。

拜灶神[1]，三拜祖先。在仪式开始之前，每个香案上已摆好食品、瓜果、鲜花等供品。新郎先在香炉中插上新香，再与新娘并排磕头。要让婚姻获得神明认可，这些仪式则万不可轻忽。接着，这对新人由一位年长女性带领着向男方父母、叔伯、姑婶、兄嫂以及在场的其他长辈亲戚磕头，以表尊敬。这位年长女性通常是同族中人。这是对新娘进入这个家庭和宗族的正式介绍，是对这桩婚姻的社会性认可。

婚礼的另一重要特点是宴请和庆典。在婚礼之前，双方家人或是分头，或是一起发请柬给亲朋好友，延邀他们来参加两家举办的宴会和庆典。依照风俗，请柬通常以父母"择郎嫁女""为儿娶妻"的名义发送。近年来，因为现代思潮影响，西镇出现了一些新奇请柬。下面是 Ch 家次子结婚时的请柬：

> 兹告鄙人将于农历十月廿五至廿七举行结婚典礼。敬治喜筵，恭请光临。
>
> 　　　　　　　　　　　　弟（礼节用语）Ch　鞠躬
> 席设西镇寒舍

这户人家经营一间小商铺，售卖布匹和洋货。家中三子就读于当地初中。新郎是次子，上过几年小学，时常穿现代中山装。他热衷结交教会学校的学生，其中多数人也收到了婚礼请柬。他并没有意识到上述请柬的矛盾之处："现代人"从不用农历；而且他们虽然自由嫁娶，但请柬仍以父母的名义拟写（欧

1　在西镇，灶神通常是在本主庙受祭拜，由本主庙一侧的神龛内的大牌位代表。和华北地区不同，西镇家家户户厨房都没有专门供奉灶神的神龛。如果真要在家中祭拜灶神，也是在家庭神龛里摆一块和祖先牌位尺寸相近的灶神牌位。

洲人也如此）；此外在这类正式请柬上人们绝不会把通常用于个人信函的"弟"作为礼仪性署名。

　　男方家的喜庆气氛更为热烈，众多客人相聚一堂，欢呼庆祝。女方家一般邀请客人参加两次宴席：一次在婚礼当天早上；另一次在新婚夫妇回门时，即婚礼后第五天。男方家通常宴请两到三天，婚礼在宴请的最后一天举办。前去男方家或女方家的客人会携带红纸包着的小份礼金。1941 年，礼金数额通常为 10 元；1943 年，则需约 100 元或 200 元。越亲近的亲戚朋友给得越多。男方家摆的是流水席。庭院里搭着遮棚。客人们包括镇上的与远处村落来的男人、女人和小孩。他们在这两三天里登门不绝。主人家接待他们，把他们安置在家中不同地方的房间中休息。上菜、翻台连续不断。在这个场合里，无论大人小孩都可以大快朵颐，尽情吃喝。此情此景可谓口腹盛宴。主人们过分慷慨地提供食物，以表明他们乐意如此。在此，客人们不用顾及开销。来得早的人可以吃上两三天。男女宾客自由落座，分桌就餐。远道而来的亲戚朋友可能要到婚礼结束后好几天才回去。无法亲自参加婚宴的人会把礼物委托他人转交，而后者将代替前者参加宴席。

　　除了宴席，婚礼上通常还有许多欢庆活动。多数人家会请说书人为客人们表演一整天。有的人家还会借来留声机和唱片，留声机可能太老旧了，只能发出锯木头一样的声音。通常来说，表演总是很受欢迎，同一个遮棚下三弦、留声机和两三把二胡可能同时演奏。没有人在仔细听；人们边吃边聊，喧哗声不绝于耳。人们的欢呼喝彩无关表演本身的好坏，而是为了正在进行表演的人。

　　婚礼当天，新娘是众人瞩目的中心。除了年长男性，每个人都想一窥新娘风采；她除了仪式性地和新郎吃点东西以外，要一动不动地坐一整天。到了傍晚，人们围着新娘的热情更为高涨。年轻男女们涌入新郎新娘的新房去闹洞房。他们逼着新人表演节目、做亲密举动，等等。欢声笑语感染了在场每个人。闹洞房一直持续到午夜，客人们吃完消夜（包括面条、蜜饯、花生和茶）后，方才散去。

贞洁对女孩来说极为重要。如果一个女孩被发现有私情，她唯一的结婚机会就是远嫁他乡或嫁入昆明，那些地方没人知道她的旧迹。一般来说，镇上大部分男孩女孩的言行，任何家庭只要想获知，都是公开之事。但如果一个女子在婚后才被发现贞节有亏，那么没有人会真的赶她走，闹得众人皆知。家庭名声不容有差。她的丈夫可能会厌恶她，开始纳妾，但她仍是社会所承认的正妻和儿媳。

1942年年初，一个普通家庭（男方家庭）举行婚礼的开支（含宴会一应费用，但不包括婚礼前给女方的礼金和聘礼）约10000元。事实上，这是前面提到的派发"现代"请柬的年轻人一家花掉的切实数目，富裕家庭的婚礼花费更多。女方家的开销远低于男方家。无论什么家庭，嫁女都不如娶媳重要。此外，女方家常常用女儿的订婚彩礼置办嫁妆，余下的钱则用于宴请。

婚后第二天，新郎的已婚姐妹或其兄嫂弟媳，或这两拨人都要结伴一起去本主庙祭拜，仪式供品类似于生育后祭拜所用的祭品。

赘　婚

有些情况下，女方家可能招进女婿，而不是嫁出女儿。这类婚姻叫作"上门婚"（zou mei）（汉语是入赘，当地人两种说法都使用）。采取这一婚姻形式的大部分家庭都是由于膝下无子，又不愿过继同宗侄子。例外情况非常罕见。[1]

这种婚姻形式在中国其他地方相对少见，人们总是将其看作对男性的侮辱。一个入赘妻家的男人在社区中说话没有分量。他和他妻子的家庭通常都生活拮据且社会地位低下。西镇的赘婚与之不同。虽然没有确切数据，但估计所有婚姻中有超过三分之一是上门婚。有些西镇人认为这一比例高达半数。尽管人们说只有穷人才会入赘妻家，但当谈及自己家族中的赘婚时，他们也毫无羞赧介怀。对镇上许多富裕显赫家庭的亲属关系的研究表明，上门婚确实非常普遍。西镇两个最富有家族的其中之一就承认，家族的时运始于一个"上门"成员，他的儿子们为他在山上建了一座单独的祠堂，西镇人也一度将他看作镇上的领军人物。他于几年前过世。

西镇人普遍认为，上门婚不能安排在男女成年后。确定上门婚时，男孩应当不到十二岁，有时只有五六岁。在他们看来，如果一个男子已经成年却仍然一事无成，没有女孩的父母会招他上门。另一方面，如果一名成年男性已有继承或工作得来的资财，他也不会改姓别家、登门作婿。一位报告人甚至把上门婚看作背族卖姓。从适应婚后家庭生活的角度来看，这是完全可理解的。从夫居强调女子逐渐转变的必要性，因而从妻居强调男子逐渐转变的必要性。如果上门女婿已经成年，他的习惯、观念和情感已经定型，环境的急剧变化势必会导致其难以适应

1 一位老人 Y（B. L.）有四个儿子和一个女儿。后者招了一个上门女婿，因为这个老父亲非常疼爱女儿。她的情况没有引发任何家庭纠纷。

新的家庭生活。我们也很容易理解，为什么成年上门婚通常以下列两种方式促成：（1）一个精明能干的店员有可能入赘成为店主家的女婿；（2）相熟已久的两家人商定一桩赘婚。这两种情况显然都有利于准女婿和女方家庭之间的相互适应。

赘婚的安排和其他类型的婚配相同。通常也要咨询算命先生和雇请媒人。但订婚聘礼只需送一次，包括方糖和烟丝之类（没有手镯和其他首饰），这些礼物从女方家送到男方家。聘礼中也不包含礼金。接着是确定男方上门的日子。上门日子和婚期一样，要由算命先生选定；和婚礼不同的是，女方家不在意男方到新家的时辰。男孩穿着最好的衣服，由兄长或叔伯领到新家。他们一起走到新娘的住处。到达之后，他首先向他的新"父母"表示敬意，然后敬拜家中的祖先牌位。但是，他和他的未婚妻在此场合并不相见。这样仪式就算结束了。两家会聊设薄馔，款待亲友。自此以后，男方就改从岳父的家族姓氏，还要取一个新名，新名中有一个字或者一个字的偏旁部首要和新家族的堂兄弟的一样。即刻起，他就彻底成为岳父家的一员，但他和未来妻子还没有任何亲密关系，直到一段时间后，婚礼仪式（和前文所述相同）上宣布他们正式结为连理后，他们才能有亲密关系。

要注意的是，赘婚虽然很普遍，但这种婚姻只持续一代。下一代会自动恢复到父系和从夫居模式。上门婚仅仅补充且服务于基本婚姻模式，但这门婚事中的个体及其家庭能从中获得其他婚姻类型所没有的好处。

图18展现了从夫居的情形。在从夫居中，大部分聘礼以嫁妆的形式返还到男方家。剩余的也会拿一部分用以举办婚宴。女方家从聘礼中获得的经济收益微乎其微，并且女方家会

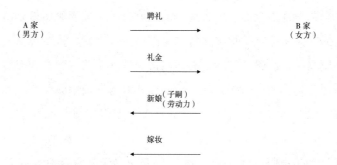

图 18 从夫居

丧失一个劳动力;而男方家则增加一个劳动力,一部分他们之前娶亲花出去的钱也重回手中,另外还有可能获得更多的劳动力——孩子。

在从妻居中(如图 19 所示),女方家最初收益很大,因为用少量聘礼就换来了丈夫家的一名男性及其后代。但男方家确实也受益,首先,因为其比妻家穷困,去上门的儿子有新家庭的财产助力后,就会有更好的发展机会。其次,如果入赘男子有不止一个儿子,其中一个必须回到父亲的家族以延续香火。

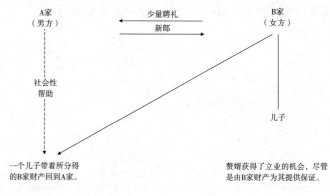

图 19 从妻居

这个儿子是幸运的，因为他一出生就分得了父亲家由婚姻所得的财产，又分得了他父亲家原有的财产。最后，入赘男子的生活境况一旦改善，实际上对回归血亲的儿子的扶持会和对留在身边的儿子的一样多，从而让其原来家庭和归宗儿子都发达起来。Ye 和 Y 两家的往事正是如此。二十多年前，Ye 家勉强小康，Y 家穷困潦倒。一名 Y 家男子以上门婚入赘 Ye 家。他凭借 Ye 家的财产发家致富；现今 Ye 家是镇上最富有的两家之一。他也尽其所能地帮助 Y 家，虽然 Y 家的富庶不能比肩 Ye 家的，但也是镇上的富家之一。

上门婚的好处也可能是间接的。

在这个例子中，Y 家的两名男子各自以上门婚的方式入赘 W 家和 Ye 家。W 家做小规模制鞋生意。夫妻俩生了两个儿子。两人结婚时 Y 家一贫如洗，后来才在 Ye 家的帮助下逐渐富裕起来；富裕起来的 Y 家随后帮助 W 家的次子发达起来。后者回到 Y 家为其父传宗接代。他又为 W 家建起了大祠堂，还给了长兄一份相当可观的商业财产和一栋大宅子。

通过这种方式，赘婚习俗有时为贫穷的人提供了更好的生活保障和机遇。毫无疑问，赘婚习俗之所以在西镇流行，即使

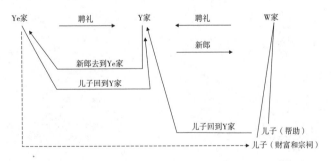

图 20　上门婚

不是全部也是部分有赖于这一原因的。

再婚和纳妾

西镇没有单身老姑娘和单身老男人。每个男女早晚都会结婚。婚姻由家庭安排，繁衍子嗣的需求又如此强烈，因此也不足为奇。

理论上来说，鳏夫寡妇均可再婚。但事实上鳏夫再婚要比寡妇再婚更多。鳏夫常与寡妇结婚。一个男人除非很富有，否则要娶未婚女性做第二任妻子很困难。这是寡妇再婚率很高的原因之一。一位报告人说有十分之三的寡妇再婚。我无法核实这一点，但西镇人的确不像抵制离婚那样否定寡妇再婚。然而，任何情况下寡妇都不能嫁给未婚男性。男人二婚如果娶的是一个处女，婚礼就和头婚相同；但女子二婚却十分低调。她甚至不能坐花轿。准丈夫父亲的兄弟的妻子或准丈夫本人的兄弟的妻子会去寡妇家，陪同她步行到男方家。有些案例中，她被带往新家的时辰是在众人起床前的凌晨，又或是人人入睡后的深夜。街上浓浓夜色保护她免遭娘家人的阻挠。娘家人如果成功拦下寡妇，定会把她带回去，因为他们"不能允许家中的女人不知羞耻地再婚来破坏家族的声誉"。寡妇若再婚，她已故丈夫的家庭通常会得到一笔补偿金，她父母家往往也会获得一份"聘礼"作为安抚。

再婚的女人是不光彩的。这类婚姻可能会触怒神明和已故丈夫的灵魂。我的报告人普遍相信如果一个女人膝下有子，或者只要有个女儿，她都不应该试图再婚。她应该给女儿招一个上门女婿，以此延续家族香火，她在彼世的安适也将由此得到保障。但非常贫苦的寡妇往往会试图再婚。

鳏夫再婚无非出于责任或需要。如果他的发妻没有留下后嗣，出于对祖先的责任，他就必须再婚。如果他已有子嗣，也需要有人洗衣做饭，照顾他和孩子，因此也不能避免再娶。

这个逻辑为纳妾习俗提供了有力支持。如前所述，定亲的约束力通常让任何一方都无法摆脱婚约。结婚之后就更难解除婚姻。男女双方均如此。除非女方犯通奸之类的非常明显的恶行，否则丈夫不能出妻，鉴于此，一个男人若对妻子不满，可能会把她抛在一边，停妻再娶或纳一房妾室。他的妻子几乎无力阻止，也决不能另择夫君。娶丈夫还在世的女人是一个人能给自己招来的最大凶兆。在这种情况下，女人只能在礼佛、织布、往来各个市场买卖中寻求寄托；如果她有孩子的话，就全身心照顾孩子。

Ch 家二儿媳的例子就说明了这一点。她年轻漂亮，衣着发型摩登入时，丈夫家又十分殷实。她曾生育一子，但不幸夭折。出于某种原因，丈夫厌弃她，在昆明另娶他人。在我调查期间，她还不知道丈夫娶了二房太太，虽然其他家中成员都早已知晓。谈及此事，一个报告人评论道："就算她知道了又能有什么办法。自古以来就是这样的。"

富人纳妾，普遍表面上是为求子。许多报告人对这点非常肯定，例如，Y.C.Y 有一妻一妾。两人均无所出。他对我如是说："我纳妾是为了要个儿子……这实在是个麻烦事。它（子嗣问题）已经推迟和打乱了我在西镇外发展生意的计划。我不得不整天待在家里。"

但我收集的 11 个纳妾案例表明，超过半数与一般公认的纳妾原因毫无关系。[1] 11 个例子中的 6 个，妻子已生育子嗣。其余 5 个才是由于妻子不能生育而纳妾室。

对此有两种可能解释。其一，这 11 个纳妾的例子不足以代表西镇的整体情况，据我估计，纳妾行为的实际发生情况为：8000 人口总数中，约有 150 位妾。[2] 也有可能这 150 人中多数是为了延续香火而成为妾室的，那 6 个纳妾的例子（见附录二）则属例外。其二，纳妾与其说是家庭组织形式，毋宁说是惯常模式，发展出纳妾以延续家族香火的观念不过是一种合理化阐释。

但这两种可能性并不冲突。纳妾也常发生在印度以及其他许多社会中，其家庭组织与西镇的截然不同。这些社会中，纳妾通常伴随着威望的获取或表达，或是与男性的多恋（polyerotic）倾向相关。考虑到这一惯例，纳妾风俗很容易在以延续香火为重的文化中被合理化。

1　见附录二。

2　我研究了五个宗族的家谱，得出每个宗族娶妻的总数和纳妾的总数。数据如下：（1）T 族，夫妻 421 对，妾 22 人；（2）Ch 族，夫妻 328 对，妾 17 人；（3）Y 族，夫妻 54 对，妾 6 人；（4）W 族，夫妻 188 对，妾 14 人；（5）Ye 族，夫妻 227 对，妾 3 人。这些宗族中纳妾婚的比例如下：T，5%；Ch，5%；Y，11%；W，7%；Ye，1%。但 Ye 族的数据很不完整，而 Ch 族和 W 族的记录又没有区分续弦和纳妾。Y 族的样本太少，不足为良例。只有 T 族的数据最为可靠。另外，我研究了 43 户的家庭组成。这些家庭共有 144 位妻子和 7 位小妾，比例大概是 4.8%，与 T 族的比例一致。现在西镇约有 1000 户，大概有 3000 位妻子，按照 5% 的比例推算约有 150 位小妾。

第五章

世代繁衍

西镇的婚姻制度有三个基本参照点。第一点，婚姻是延续父系家族香火的手段。香火出现断绝危机时，西镇人自会缔结母系的和从妻居的婚姻类型。祖先的认可是婚姻必不可少的部分。

从第一点可得第二点：婚姻以男性为中心（male-centered）。婚姻的重点不是男性与其妻子的结合，而是女性对夫家的义务，尤其是对公婆的义务。女性必须生育子嗣，这是她在婚姻中的分内之事。此外，女性的核心美德之一就是顺从其丈夫和公婆。在此重点下，夫妻之间并无浪漫结合可言。包办婚姻普遍存在，人们鼓励女孩早早定亲并早日熟悉男方家庭，以此确保家庭和睦。算命和神明是婚姻成功的重要保障。纳妾被视作正常之事。

第三点是众所周知的双重道德标准（double standard of morality）。这点在再婚和通奸问题上最为明显。鳏夫再婚再正常不过；而寡妇再婚就是耻辱。男性出轨并不稀奇；女性通奸则相当于社会性自杀（social suicide）。在这种双重标准下，缠足似乎也是两性差异下的合理化附加产物。

这些参照点完美适配我们在第三章所讨论的亲属制度的基本要素。简而言之，亲属制度建立在血亲理论之上，遵循世系、辈分、性别和年龄原则。这一体系以父子关系为核心，其他关系则为此之延伸、补充或附属。此体系中的每一部分都是为了全面强化父子世系延续，抑或是父子世系延续全面强化后的结果。

大家庭理想

父子延续可以通过两种方式来保证，或通过长子独占继承权其余诸子有序分爨，或强调祖先财产的完整性并鼓励所有家庭成员紧密统一成单个整体。前者即长子继承制；后者是"大家庭理想"。

长子继承制常被误认为是大家庭理想的必要组成部分。事实上，二者相斥。长子继承制意味着长子之外的诸子均需分家；大家庭理想则要求所有儿子必须同宅共居，并且所有儿子至少在理论上享有基本同等的祖产继承权。

在西镇，社会鼓励大家庭理想而非长子继承制，强调家庭的团结统一。促成了家庭统一体的是父母之命、求神问卦、优先婚、尽早订婚，而非浪漫结合。家庭统一体的实现，不是基于家内不同人格之间的妥善适应，而是基于向每个个体逐渐灌输其在亲属等级中的位置。该统一体通过对家内通奸的严厉抵制得以强化，[1] 还借由共同的家宅、足以世代沿用的墓园得到促进。供奉同一批先祖及其所在宗族的内部一统进一步支持了家庭统一体理念。后者最明显的标志是宗祠和族谱。

基于家庭统一体这一理念，直到父亲过世后，儿子才能

---

1 我在其他地方讨论了这个问题，见 F. L. K. Hsu, "The Problem of Incest Tabu in a North China Village," *American Anthropologist*, XLII, No. I (January–March, 1940), pp. 122–135。

达到社会成熟（social maturity）。那时父亲的所有财产将自动成为儿子的财产。父亲无须立遗嘱，因为除了这种习俗遗嘱（customary will），别无他法。父亲拥有的所有权力和声望都自动由儿子们共享。即便他们不愿如此，人们也只会以此方式看待这些小伙子。家庭统一体还解释了某些乍看之下与社会结构不相容的事实。我们已经看到人们求子心切。但在西镇以及云南其他地方，存在这样一种从任何角度来说都必须被视为生育控制（birth control）的做法。儿子未婚前，丈夫和妻子同榻共寝；儿子成婚后，有些父母继续同屋，有些则分房睡。孙辈出生后，老两口必须分室而居；因为有孙辈的年长女性若是怀孕，会遭人耻笑。

　　回顾我所调查的家庭，儿子已婚生子的年老夫妇都分室而居，极少例外。Ch 家经营两间小干货店，父母膝下四子，在我那次调查时，仅余一子未婚。老父亲睡在街一侧的一间店铺，老母亲则睡在街对面的另一间店铺。这家的三子告诉我，他的父母多年前就是如此。另一户 Ch 姓人家，老母亲不久前过世，儿子们为老父亲又娶了一个妻子。新妇与最年轻的儿媳年龄相若，但老父亲一直睡在二楼的单人间。长子有时也睡在这里，同时与其妻仍有正常的性生活。

　　以上这两个例子，老人均年过 60，但此习俗并非局限于高龄老人。1943 年，C 家一名 40 岁的女性去世。死者怀有身孕。她为了避免在儿子婚后生育，采取了原始的堕胎手段，结果丧命。

　　谈及此事，西镇人一致解释道："儿子都结婚了，夫妻俩还睡在一块实在太难为情了"，或者"一个女人应该为儿媳进门后自己还怀孕感到丢脸"。

有人可能会问，既然求子心切，为何还要控制生育？答案是，这些措施强化了家庭作为团体的统一性。儿子结婚前，延续世代是父亲的职责，儿子成婚后，这个职责就转到儿子身上。

当我们意识到，镇上没有遵守此规则的是一些纳年轻小妾的老人，而他们的纳妾原因与家庭延续全然无关时，这一事实就愈加清晰了。[1]

从一些普查数据中，可以发现更多强调家庭统一性的证据。整个西镇根据户数平均划分为 10 保，每保 10 甲，每甲约 10 户。[2] 对第四保的家谱进行分析，结果如下。

第四保总计 100 户，共有 860 人。每户平均 8.6 人，家户的分布情况如下：

表 2　第四保

每户的人口数量	家户数量
2	1
3	4
4	4
5	12
6	6
7	20
8	14
9	9
10	5
11	5

1　我知道的有两个例子；这两个例子中的儿子辈都是非常富有的（见附录二，案例 4、5）。

2　关于地方组织见第一章。

每户的人口数量	家户数量
12	5
13	5
14	2
15	1
16	2
17	1
18	1
19	2
23	1
总计	100

　　这些家户的亲属分布（kinship distribution）如下（其关系称谓以户主所用为准）：

表 3　第四保的亲属分布

男性	数量	女性	数量
户主	99	户主	1
父亲	7	妻	91
祖父	1	妾	3
叔父	2	母亲	35
兄长	4	祖母	3
胞弟	35	婶娘	10
侄子	69	伯母	3
儿子	147	嫂子	12
孙子	47	弟媳	31
曾孙	2	堂嫂	5
堂兄	4	堂弟媳	7

男性	数量	女性	数量
堂弟	9	侄女	45
女婿（入赘）	2	妹妹	8
		女儿	94
		儿媳	41
		孙女	32
		孙媳	1
		侄媳	10
男性共计	428	女性共计	432
	总计 860		

从上述表格中可以发现一些有趣特征。第一，社会只接受男性作为户主。唯一例外是一户有一儿一女的寡妇，两个孩子分别只有 9 岁和 12 岁。第二，有两个叔父与父亲同宅，但没有伯父与父亲同住的情况。同理，与户主同住的胞弟要比兄长多。这些事实表明，通常每代的户主都是根据年龄选出的。长兄是天生的户主。第三，与户主同住的兄弟（含堂兄弟）总共 52 个，与之相比，和户主同住的姐妹总共仅 8 个，数量很少，且年龄均比户主小。出于同一原因，这些家户的孙子也比孙女多。这些事实暗示，几乎所有女性均已婚，而且就第四保而言，从夫居占主导地位。第四，在所有家庭中，户主的子女数量最多。父母和孩子是任一家庭的核心组成。

这两张表中最重要的特征是家庭的平均规模及其构成。家庭平均规模为 8.6 人；家庭构成方面，47 个孙子和 32 个孙女分布在 28 户人家中；39 个兄弟分布在 28 户人家中，其中 30 人已婚；12 个嫂子和 31 个弟媳分布在 34 户人家中，其中 4 人守寡；

大量侄子及其妻儿与户主同住；甚至还有 13 个堂兄弟分布在 8 户人家中，其中 12 个已成婚生子。

与中国的整体情况（每户 5.3 人）相比，这些家庭规模更大（每户 8.6 人），范围更广。[1] 在中国的其他地方，儿子一旦结婚，家庭统一体就不复稳固，所以只有较少家庭存在已婚兄弟同住的情况，其中，已婚堂兄弟同住的情况就更少了。大家庭制度是人们向往的理想，但西镇之外的绝大多数中国家庭都无法实现。

同宅分家

那么西镇的大家庭理想是否比其他调查地区获得了更好的实现？这是分析完普查数据后，我脑海中产生的疑问。

我对镇里不同区域的 42 户人家进行了详细调查，共涉及 394 人。这些家庭从每户 2 人至每户 32 人不等，平均每户 9.38 人。[2] 这个平均数甚至比前文的调查数据还要高，和每户 8.6 人的数据一样都远高于全国平均值。

对这些家户的生活和安排更细致的考察揭示了另一图景。每个家户在社会和仪式上都是一个独立单元，但在经济安排上则是若干单元。换言之，大部分家户虽然同宅，但已分家。

在中国其他地方，若是分家，便分得彻底。兄弟之间财产

---

1 关于这一问题的诸多发现的总结，见 Chiao, C. M., *Rural Population and Vital Statistics for Selected Areas of China, 1929-1931*, Shanghai, 1934, and L. S. C. Smythe, "The Composition of the Chinese Family," *Nanking University Journal*, V, No.2 (1935)，以及 F. L. K. Hsu, "The Myth of Chinese Family Size", *American Journal of Sociology*, XLVIII (May, 1943), pp. 555-562。

2 见附录三。

平分（长子所得份额略大）。如果父母健在，他们将与儿子们分得同等份额财产。如果双亲仅有一人在世，父亲或母亲所得份额会比儿子略少，并将和某个儿子同住。如果财产数额极小，健在的父亲或母亲可能不分得财产，但轮流在每个儿子家固定吃住一段时间，比如一个月。从正式举行分家仪式后，财产由所有者各自管理。兄弟之间或父子之间借钱，与向外人借钱相同。

而且在中国其他地方，分家以后，每个新家庭都作为独立家户向警方登记；每个新家户都有自己的家庭祭台供家庭成员祭拜；原家庭成员共同的亲朋好友婚丧嫁娶之时，每个新家户都将单独送礼。换言之，每个新家户都被当作完全独立的单元。如果经济富余，独立家户尤疑会搬入新宅。如果经济拮据，这些独立家户会住在旧房子的不同部分。旧房子会重新进行划分并筑墙，使不同单元从外观上看起来像是单独的家户。随着时间推移，这几个独立家户通常会慢慢搬到其他住宅，直至最终仅有一家留下。

西镇的情形截然不同。虽然这里的家户表面上大于中国的大部分家户，但鲜少不分家。多数家庭儿子一结婚就分家。家中若是独子可能不会分家。但当儿子有了孩子，就一定会沿着个体家庭的方向分家。

分家不一定有分家仪式，如果举行分家仪式则要迎请祖先见证。通常土地和商铺由儿子们平分。在有些案例中，长子会要求得到更大的份额。如果不分割土地和商铺，他们就共同管理这些财产，但各家会平分每年的收成和利润。每个儿子和他的直系亲属将各占一排或几排房屋。每个小家庭有单独的厨房。长子将分得西侧的正房。若父母俱在，两人可以与长子同住，也可以分别和不同的儿子住。他们可能一起轮流到各家吃饭，也可能长期分开在某两个儿子家里吃。儿子们要为父母提供零用钱和四季衣物。如果老父亲有抽大烟的习惯，也要供应。

分家之前，家里可能会有明里暗里的争执。如果是正式分家，需要在家庭祭台安排祭祀，亲戚们会给每个新家庭送礼（通常是一对方糖，与订婚礼上所用的方糖类似）。各家以茶水饭食招待亲戚。

在有些案例中，会保留财产的一部分作为年迈父母的葬礼花销。父母可能在生前就用完了这笔财产，其份额也远小于儿子们各自所得的。每月给父母的金额可以提前商定，也有可能不商量。儿子们各自所给赡养费的数额可能不相等。

正式分家时，族中长辈会被请来主持大局。他们和家中的男性成员一起监督各家平分财产。长辈们还要负责调解一切纠纷。届时会有一份"分家文书"，详细记载家庭财产及分家方式，各方均需在见证人面前签字。

分家至此结束。家庭祭台会留在住宅西侧。所有家庭成员一如既往地在祭台前叩拜他们共同的祖先和家神，但须注意，各家会分别上供，除了少数场合例外。每个新家庭都会居住在自己分得的一排或几排房屋，而不会想着搬走或另立祭台。碰到镇上的诸事，无论是宗教事务还是社会事务，大家庭仍然是一个整体。在西镇祈神会上，大家庭会以老父亲的名义捐赠，如果父亲已故，就以长子的名义捐赠。每逢亲朋好友婚丧嫁娶、弄璋弄瓦，大家庭就以老父亲的名义送一份礼，如果父亲已故，小家庭则可能各自送礼。逢年过节，各家可能轮流（每年一家）宴请亲戚，或者大家一起宴请。如果父母俱在，通常是一起请桌。

　　理论上，老父亲对儿子们的权威与从前无二；事实上，年轻人可能悄悄地把他晾在一边。虽然社会观念强调儿子应当一如既往地听从老父亲，但实际情况似乎取决于老父亲人格的力量和品质。在 Ch 家，老父亲看起来比其他家的父亲对儿子更具权威。他保管着家中所有重要箱柜的钥匙，但由于儿子们的抱怨，他也不得不放弃沉迷于降神会（séance）。C 家则是另一种情况，这家的老父亲少有权威，小辈们甚至连表面功夫都不做。有一次他们与家中佃户争吵，老父亲先是答应了佃户的要求，但他业已成年的孙子们（背着自己的父亲）完全收回了祖父的承诺而擅自行事。第二天早上，老父亲甚至和佃户起了肢体冲突。

　　以该模式为分类标准，42 户人家一共 394 人，平均规模为每户 9.38 人，但实际上被分成了 72 户，平均规模为每户 5.47 人。这个数字与全国数据就非常接近了。[1]

　　下述几个具体案例可以很好地说明同宅分家的模式。第一个例子是 Yi 家（见附录一）。Yi 家分为四房，在图 23 中用字母 W、X、Y、Z 表示。约十年前，Y 去了昆明，代表 Yi 家给自家几间小商铺办理歇业。回到西镇后，他和妻子买了一个小炉子和一个煎锅，开始自己做饭。显然，Y 贪污了公账上的钱，他和妻子决定要吃得比公厨好。于是家中的其他成员都吵嚷着要分家。他们要求宗族的长辈来监督和帮忙分家，但多数长辈都拒绝了，说"你们家太难办了，分不来"（意思是说家庭成员会争论不休）。最后没有分割地产，但家庭成员分开居住，各自开伙。因为族中长辈拒绝参与分家，四房当家的就请了几位已

1　详见附录三。

出嫁的姑姑来处理。这些妇女帮着分配家庭财产，连厨房用具都一块分了。分家当日，他们雇请一个泥瓦匠用泥砖砌了三个新厨灶。家族公田由 Y 负责，因为 X 和他的妾室及庶子女住在昆明，W 和妻子也住在昆明。Y 是这代人里面唯一在家的男性。家族公田由无亲属关系的佃农耕种。佃农把收成的一半上交给 Yi 家，这一半收成又大致分为四等份，每房各取一份。

除了在西镇的财产，Yi 家在大理和下关也有一些土地和房屋，在昆明还有几间商铺。W 和 X 各带家庭成员数人住在昆明，管理着昆明的商铺并收取利润，Y 则管理临近西镇的两地（大理和下关）的土地、房屋，从中获得收益。W 分得的本家土地收成归给他的母亲，其母为侧室。z 是个目不识丁的女人，仅有一个不孝的继子，无法获得镇外的产业。她只能向亲朋好友抱怨此事，他们安慰她应该知足常乐。至于其他财产的收益和信息，她都不得而知。

逢年过节，W、X 和 Y 三房会轮流设宴招待亲戚。因为 z 孤身一人，便无须单独举办筵席。她只用在请客的时候帮忙即可。Yi 家的每一房都会在共同的家庭祭台祭拜，至于七月十五时则整个大家庭一起祭祖。

第二个例子是同在附录一中的 Ch 家。几年前，Ch 家在一次公开争吵后分家。虽然大家都同意分家，但没有举行正式的分家仪式。Ch 家有三个儿子，X、Y 和 Z，还有一个年迈的父亲 L。长子 X 认为虽然自己有权分得更多财产，但他心内不愿如此。他和 Z 各自分得一半家里的土地及其收益。Y 在缅甸曼德勒闯荡，已经与一名缅甸女人结婚，并经营起了自己的生意。他从未要求家中寄钱。但家族成员说他如果回来，就可以从 X 和 Z 那里分得部分土地。

老父亲 L 没有分得任何财产。儿子们赡养他及其妻子，衣物和零用一应俱全，还供应足够的鸦片。他和年轻的妻子轮流到两个儿子家搭伙吃饭，一个月一换。L 和 X，虽然理应各自和其妻子住一间卧室，实际上他们更经常一起住在二楼的单人间。

X 和 Z 两家如今作为一家祭拜供奉，逢节送礼，参与乡里募捐。儿子们表面上顺从父亲，实际其中一人向我抱怨过父亲好吃懒做。他甚至告诉我，在他们兄弟俩能谋生之前，老父亲就已将家中所有财产挥霍殆尽。

第三个例子由 Na 家提供。Na 家的家庭构成如下：老父亲（70岁），老母亲（65岁），长子（40岁）及其妻子和四个孩子，次子（30岁）及其妻子和一个孩子，三子（16岁）及其新婚妻子。家中男性均是马贩子。次子和他的直系亲属自己一家单住。另外两兄弟共同生活。年迈父母一起住一间房，但老父亲在长子家吃饭，而老母亲和次子一同吃饭。

我所研究的 42 个案例中有两个特例。其中一个特例的家庭构成如下：老母亲（75岁），长子（60岁）及其妻子，次子（55岁）及其妻子和四个孩子（均为儿子，称为 A、B、C 和 D），还有 A 和 B 的妻子们。三代同堂，同吃同住。尽管如此，这个家庭并非在所有方面都没有分开。长子在昆明开了一间店，收入自有。次子格外富有。他在昆明和其他地方有好几间商铺，销售皮具和草药。年轻人 A 帮助父亲打理生意，年轻人 B 自己在昆明做自由贸易。他们全都心甘情愿地负担家庭开支。关于这个家庭相对不分家的状态有三种可能的解释。首先，两个儿子都很富有，且次子格外慷慨。其次，长子膝下无子，可能希望从弟弟的儿子中过继一个。最后，A 和 B 虽然已婚，但没有孩子。分家一般发生在孩子出生后。

另一个特例是一个有两间小干货店的家庭。这个家庭有父亲（65岁），母亲（64岁），长媳（寡妇）与她的儿子，次子及其直系亲属（妻子和三个孩子），三子及其新婚妻子，以及四子。这个家庭住在一所小院的两排屋里。寡妇和她的儿子住在一侧的二层；三子和他的新娘住在同侧的一层；次子一家住在另一侧的一层。年迈的父亲睡在约半里外的主店。老母亲睡在主店对面的自己的小店铺。四子通常睡在主店。三子虽然应该在家和妻子同住一屋，但大部分时间也睡在主店。

这家人一起祭祖拜神、以共同的名义送礼交际，并且尽量保证同桌共食。通常妇女和小孩一起在家吃饭，老母亲和丈夫、儿子在主店吃饭。妇女在家把饭做好，由其中一个儿子或儿媳带到店里。如果用餐时间恰好某个儿子在家，他就留下和家中妇孺一起吃饭。

这家有一小块土地，租给了佃户。土地和主店都没有分割。甚至主店的利润都没有明确划分。家庭成员取走他们大致所需的钱，同时会尽力地帮忙打理店铺。次子在不同市场间独自做了许多生意。只有老母亲的生意似乎是全然属于自己的。她经营着自己的店铺，有自己的存货和存款。她的儿子向她买东西，需要先记账，回头再把钱还给她。在第三章中我们已详细描写了她的工作。

我和这家的两个儿子交谈过多次，他们坚决否认已分家。他们告诉我，他们的母亲只是想看看自己能挣多少钱，主店能挣多少钱。可是，两人在不止一次谈话中，承认过老母亲想要为自己的葬礼攒钱。

与中国其他地方的人不同，西镇人对于分家无动于衷，这进一步证明了同宅分家是正常现象。他们不认为分家是不可取的，也不试图否认其必要性。当地的一些说法很有代表性："三代人吃不了一灶饭，他们处不来""男人不介意（住在一起），但女人心眼小（意思是她们常为芝麻绿豆小事争吵）""太多人吃一锅饭免不了烦心"，等等。

因此，西镇的家庭生活模式在中国其他地方鲜为人知。其他地方的家户的平均规模小得惊人，因为多数家庭无法几代人同宅共居。而且他们分家时，会彻底分开。西镇所发展的模式在保持联合家庭（joint household）的同时，允许个体家庭的自由。这一模式对家庭关系有重要影响。家庭群体尽早分家是消除家庭摩擦的重要因素，可使婚姻关系的情爱方面得到更好的表达；分家还能激励个体竞争，从而使一个家户能够按照大家庭理想保持高度的社会性和仪式性统一。换言之，同宅分家调和了祖先权威和个体竞争。

宗族及其团结

"宗族"在这里意指单系继嗣群（unilateral descent group）。西镇的继嗣群类型是父系；换言之，宗族起源可追溯到一位共同男性祖先。理论上，祖先世系越长，宗室开枝散叶越广，那么对共同祖先的感情就越炽热，宗族成员会更为团结。但事实上，尽管前者通常是确实如此，后者却不是。正如我们所见，联合家庭的特点是在同一屋檐下巧妙地安排分家，使祖先权威和个体竞争相协调。由此产生的家庭组织外部的方方面面比其内部关系更引人瞩目。西镇宗族与西镇家庭极为相似，有许多外在的利益，但缺乏内在的团结。

由于家庭姓氏与宗族姓氏相同，用家庭姓氏的数目代表宗族姓氏的数目似乎是合理的。不幸的是，互不相关的几个宗族可能同姓。另一方面，普查数据也不完整。普查数据覆盖的 100 个家户和另外的 43 个家户共有 23 个家姓。但西镇不止 23 个家庭姓氏。我查阅了四部记载详细的族谱，其中包括两个最大的宗族，嫁入这些宗族的妇女婚前家庭姓氏另有 43 个，那么已知的家庭姓氏共有 65[1] 个。

尽管从事实看来，本地婚配所占的比例相当之高，其中许多妇女必定来自同一个社区，但仍无法确认嫁到这四个宗族的妇女是否全部来自西镇。这些数据中最有趣的是一些家庭姓氏出现的频率。下面的对照表给出了几个资料来源中最常见的姓氏。

表 4

T 氏族谱	Y（172），Ch（65），L（48），Yi（22），Ho（16），Tuan（15），Tu（13），W（11），Ch'en（7），及其他
Ye 氏族谱	Y（103），C（36），Ch（31），L（20），Yi（18），T（13），Ch'en（7），及其他
Ch 氏族谱	Y（146），C（20），L（20），T（20），Yi（22），Tsao（16），Tuan（15），Ho（8），Ye（8），W（6），Kao（6），及其他
Y 氏族谱（小宗族）	Ch（14），Y（16），C（8），T（3），Yi（4），L（5），Yong（4），Ho（3），及其他
普查数据	Y（56），Ch（8），Yi（7），T（6），W（4），Tuan（4），Hsu（3），Kao（2），C（2），以及 Chou，T'an，Tu，Huang，Wu，Sun，Yen，Ting（各 1 人）
分散数据（separate data）（43 家）	Y（11），Ch（11），Yi（5），C（4），Li（2），以及 Ho，Su，Tu，Na，Yung，T 和 Tuan（各 1 人）。剩下三家姓氏未知

1　这里数据有出入，原文如此。——编者注

在族谱记载中，括号内的数字是指某一姓妇女嫁到这一宗族内的人数。在普查数据和分散数据中，括号内的数字是该家姓的家庭数量。族谱部分的"其他"是指在族谱中出现的频率比此处已列出的最小数字还低的家庭姓氏，可以忽略不计。

每一组的 Y、Ch 和 Yi 族姓数目都很多。其中 C 姓和 L 姓出现在五组中，Ho 姓和 Tuan 姓出现在 1、3、4、6 组中，W 姓出现在 1、3、5 组中，Ye 姓出现在 2、3、5 组中，Tu 姓出现在 1、5、6 组中。

这些数据与当地人的估计大致相符。他们的估计虽有不同，但在以下方面相一致：

表 5

族姓	镇上该姓的宗族数	每个宗族的联合家庭的数量（约值）
Yi	1	100
T	1	100
C	1	100
Ye	1	30
W	1	30
Ch	4	150（总数；一族有 70—80 户，另一族有 40 户。）
Y	10	300（总数；一族仅有 3—4 户，另一族有 40 户。）
Kao	1	10
总计	20	820

前后两张表格唯一的重要区别是 L 族姓。L 姓出现在 5 个族谱中，数量可观，但人们说西镇 L 姓的家户很少，他们主要都是外来者。考虑到镇上约有 1000 户人家，那么势必超过 80%

的家户属于上表所列的 20 个宗族。

西镇的 12 座宗祠属于以下宗族：T（1），Yi（1），Ye（1），W（1），Ch（2）和 Y（5）。[1] L 族在镇上没有宗祠。第二章展示了这些宗祠的结构和布局，第七章将详叙在宗祠里举行的仪式。在此我们只需注意宗祠是宗族间竞争的主要表达形式。

宗族在社区中的威望和权力以其与政界的关系和自身的财力为基础。与政界关系越强，通常财力越雄厚。同样，一旦家业发达，就会寻求与政界建立联系。家庭规模仅是次要因素。因此，Ye、T 和 Yi 通常被称为"望族"。T 族人丁兴旺又有财力。Yi 族不仅人口众多且财富蔚为可观。Ye 族财富雄居两家之上，但规模最小。这三家与当局均有往来。

除了这三大宗族，其他宗族的先后次序难以定论。Ch 族人认为本族有一位在世举人，因此应仅次于三大宗族。Y 族一支的人认为他们地位应在 Ch 族之前。C 族一度势力庞大，一名家庭成员曾在 20 世纪 20 年代初任北京政府的司法总长。C 族现已没落，家业衰微，几乎没有任何政界关系，但家族规模之庞大仍足有资格被称为"望族"。

大大小小的宗族时刻为名望和权势而争斗。他们在红白事之类的仪式和庆典上互相较劲。尽管是个体家庭举办仪式，但所有同族中人都享此荣耀。他们在编修族谱时也彼此角力。编修族谱需要长期调查和撰写，耗资巨大。通常有家族成员功成名就时，就会开始重整续修族谱。族中众多文人聚在一起，将宗祠内的房间作为办事地。每个宗族都以族谱的真实可靠、传承久远、内容详备为荣。当我向两个不那么富有的宗族的成员

---

1 各数加总为 11 座，剩下 1 座疑属于 C 族。——编者注

询问他们是否看过 Ye 族（镇上名列前茅的宗族之一）族谱时，他们露出得意的神情。他们说 Ye 族人没法对自己的祖先做任何"研究"，因为 Ye 族祖上并无多少实迹（fact）可言。事实上，Ye 族有一份简略的宗系族谱，但它没有一个地方大族的族谱应有的广博和夸耀。因为他们发家相对晚近，缺乏可与其他宗族相提并论的旧族谱。在此，"实迹"包括一切能够光宗耀祖之事。

这些宗族在墓地和宗祠上也互相竞争，毕竟墓地和宗祠是鲜活的宗族荣耀纪念碑。人们总想做到标新立异、人无我有。近几年，新样式已融入旧事物。Ye 族人在墓地建了一座特别的祠庙以纪念不久前去世的父母。镇上的新贵 W 族和 Y 族的一支甚至建起了现代风格的祠堂。

乡里募捐时，各宗族也恐落人后。当地举办祈神会时，无论为攘除瘟疫还是为驱逐匪患，两个最大的宗族的捐款数额总是大致相等。兴建镇医院和三所学校时，这两个宗族也紧盯着对方的一举一动。我们后面会看到，两个首要宗族在捐资修建中学时，都坚持要区分清楚各自的部分。这类捐赠主要是为了提高宗族和家庭的声望。正因为此，1942 年霍乱流行时，为修建现代医院出资最多的家族也是祈神会上捐款最多的家族。一方面，医院派遣受过训练的护士，说服不情愿的西镇人采取种疫苗之类的现代预防措施。另一方面，法师同时在许多专门搭建的舞台上表演跳神，祈求不情愿的神明们收回他们释放出来惩罚罪人的瘟魔。

我曾听说宗族之间有时会公开械斗，但无法证实。有次，某宗族的一名成员为了修缮住宅，买了一块公田，其他两个宗族带头反对。还有次是那个 T 族女孩和大学生相好的事情，已在第四章详叙。在那次事件中，暴徒并没有真正伤害女孩和她的恋人。但令人印象深刻的是，许多报告人告诉我，持枪的人是 Ye 族雇来的。这一行为背后的意图是，无论结果如何，要通过事件本身对 T 族造成伤害。另一批报告人则坚持认为，暴徒都是女孩的本地未婚夫的朋友，他们不过是想要替当时不在场的未婚夫出头罢了。我认为后者更接近真相。

不管怎样，西镇人将这个故事看作宗族冲突的例子，此等事实干系重大。这表明，在他们中，宗族冲突的观念十分盛行。但两大因素避免了冲突恶化。第一个是多数宗族之间有姻亲关系：Yi 族和 Ye 族联姻；Ye 族和 T 族联姻；Yi 族和 Ch 族的一支联姻；Ch 族和 Yi 族联姻；Ye 族和 Y 族的两支联姻，这两支的其中一支与 W 族也联姻。而且这些关系就发生在不久前，线索清晰可循。有些时候，这种姻亲关系就发生在当下这代人中，是宗族要事。

第二个影响族内关系的因素是，各宗族内部缺乏组织和团结，这点也更为重要。人们或许认为宗族奠基于父权，世代内外一体，应该有一个宗族理事会。但我考察过的 20 个宗族均无理事会。许多宗族都没有一个公认的族长，也没有指定专人管理宗祠。扩建宗祠或修订族谱等事情由出资人决定。此外诸事项，例如为祭祀供奉筹款、决定这类活动应筹款项的多少，[1] 由家庭代表在公开会议上用类似民主的方式决定。如果无法举行公开会议，就在宗祠公示账单、征集意见。民主决策固然可取，但不符合西镇特有的家庭组织形态。

1　据我调查，大部分宗族没有作为收入来源的集体土地。T 族作为最大的宗族之一，宗族名下只有 9.9 亩地。

　　另外，人们可能认为宗族有各种手段惩戒不肖子孙。但我至今尚未发现哪个宗族有如是规定。长者们否认有类似的族规。至于通奸、乱伦这类严重的性过错，没有证据表明宗族自身对此采取了任何惩戒行动。我的报告人甚至对宗族权威毫无概念。有些报告人说犯事者会被父母或关系亲近的族内长辈或家中老人惩罚。一个报告人说犯事者会被五服之内的长辈处罚。另一个报告人又说各家只管各家事，称有三种方式处理有性过错的女孩：（1）父母或兄长会打骂她，把她关在屋里；（2）暗地里将她远嫁他乡；（3）向警察报案，并抓捕奸夫。他又补充道，事实上很少有父母会向警察报案，损害自家声誉。宗族成员和镇上其他人听闻以后会说闲话，相反，惩罚的责任主要落在父母和直系亲属团体中与当事人关系密切的亲友身上。

　　在我调查期间，发生了三起性过错事件。第一起是一名已订婚男子和一名已与他人订婚的女孩私奔，女孩兄长采取行动，促使这名年轻男子被捕，并在昆明法庭定罪。第二起是前文讨论族内竞争时所提及之事。受"侵害"一方的朋友们惩罚了第三者。第三起则是一名男子和一名女子被路人发现一起睡在某处空房子里。他们因此挨了一顿打。

　　最后，人们也许认为，宗族成员之间有福同享、有难同当。事实可能并非如此。一方面，令整个 Ye 族繁荣兴旺的某家庭，不仅对他们的族人，而且对姻亲和其他无关的西镇人都慷慨相助。一位报告人说，近年来约有七成的新建房屋得益于 Ye 族的支持。而另一方面，T 族中一个承担振兴本族之责的家庭却没有如此大方，尽管它如同 Ye 族的那家人一样明白要照拂本族。有些西镇人抱怨 T 族的这户人家更喜欢在镇外表现一番，讨好高官、资助国事，对族人亲戚却十分吝啬。这些抱怨表明，Ye 家

的态度代表了社会期许（socially desired norm），但事实上，T
家并没有因其行为而遭受任何不利后果。

即使兄弟之家或堂兄弟之家也不甚团结。他们大多互不喜
欢。只有与外人冲突时，才会稍微团结，但这种团结十分短暂。

典型的西镇宗族，对外显赫统一，对内不成组织，此二点
两相混合。任何切实促进宗族外在荣誉和光鲜形象之事，未有
不被执行。但任何有助宗族团结之事，则无人问津。[1]

1　有些学者习惯于讨论中国宗族的强弱，但总是缺乏良好的根基。例如，费先生
和张先生说，"云南地区的宗族组织要比中国其他地方的宗族组织更强。在这里宗
族有着共同财产"。（H. T. Fei and T. Y. Chang: *Earthbound China*, Chicago, 1945,
p. 11）这一关于强度的评论哪怕就作者自己的材料来看都是错误的。在所有的三个
村子中，只有极少的宗族共有土地，并且这样的宗族拥有的土地很少。在禄村，私
人拥有土地共 690 亩，集体拥有土地共 237 亩，其中仅 82 亩是宗族共有的（见上
书，第 53—55 页）。在玉村，在 555 亩稻田和 108 亩菜田中，只有 80 亩稻田和 2
亩菜田是"村子、宗族和寺庙的公产"（见上书，第 221—226 页）。在陈翰笙的研
究中，我们看到广东省部分地区的宗族共有耕地为总量的 23%—40%，有些地方则
高达 75%（*Peasant and Landlord in China*, New York, 1936, pp. 31-35）。费先生和
张先生都没有意识到，在其他地区，如西镇，宗族所共有的土地甚至比他们在云南
调查的村子还要少。此外，宗族共有某些财产是否为宗族组织强度的有力证据仍有
待商榷。广东一些宗族拥有大量土地，但总被若干有权势的家庭中饱私囊，这反而
助长了宗族内部的仇恨情绪（同上书）。

第六章

祖先如何生活

在中国其他地方，年老意味着享受权威。若是家中富裕，便能免于劳作、坐享清福。家庭的年轻成员如儿子和儿媳，则要服从权威，肩负生计重担。

正如我们所见，在西镇一旦儿子成婚、分有家产，年迈的父亲并不一定对他具有权威；而无论分家与否，年长的女性并不比她同屋檐下的儿媳轻省多少。

就生活态度而言，西镇的老人们绝对听天由命。只是难以确定他们从什么年纪开始的这种听任。相较之下，可以看到许多年轻人热衷于赚大钱、盖豪宅、出远门，竞相参与各种村镇事务。他们的在世野心不容忽视。另一方面，好些老人兴趣只在念经诵佛，成为善男信女，操心自己棺椁墓地的质量并准备寿衣。显然，他们甘于退让，回避进取的生活。

家庭如果能够负担，会在老人生前就为他在家族墓园中备好墓地。棺木做好后，就地停放在宗祠的厢房。坟墓在墓园的位置由风水先生勘定，将来用以安放棺木的坟冢为砖石结构，通常是由墓主人自己监督建造。

C族的大墓园可作为详例。这个墓园的坟墓分散在数个相去甚远的阶地上。我在一个清明节拜访了这里，并和这个家族其中一支的成员聊天，包括一位老父、三个儿子、两个儿媳和几个小孩。老人那时还是保长，他招呼我坐在石凳上，石凳后面有三座坟墓。他的一个儿子正在涂绘一座坟墓的顶部。女人们则忙着准备食物。三座坟墓排成两排。第一排的两座墓属于这位邀请我与之同坐的老人和他几年前去世的妻子。

两座坟墓在结构上并无差别。令人惊讶的是，老人的坟墓虽然是空墓，但碑文完整无缺。他的妻子的墓碑上刻碑文"皇清待诰淑慎温恭先妣某氏老孺人之墓，享年七十八"。老人的墓碑上刻着"皇清待赠文林郎某公讳某某老大人之墓，享年八十五"。老人此时方才六十岁。当死亡真正落到他身上时，人们会把坟冢顶部移开，放下棺木；然后再加封坟顶。

老人跟我谈起各种各样的坟墓，包括他自己的，流露的自豪之情如同介绍自家家宅一般。空墓和真墓的唯一区别是真墓上贴着的对联。如第二章所述，除夕要在民居大门上贴红色对联。因为坟墓是死者的居所，所以清明节扫墓时，子孙会在坟墓正面贴上对联。老人妻子的墓上贴着和宗祠门上类似的对联，而老人的墓上只贴着写有"福"字的大红方纸，和民居门扇上常贴的"福"字一样。

在第三章中，我们还看到一位殷实之家的老妇人勤勉工作，她不是迫于生活，而是为了存棺材本和葬礼钱。不单父母想着自己的身后事。我和许多家庭中成年的儿子聊过，他们也并不讳言自己对此事的关切。有个年轻人，下有两岁女儿，上有七十老父，又是家中长子，我尚未多问，他就当着老父的面对我说：

　　像我们这样的丁等家庭，我爹的丧事，至少要办七八十桌。起码得花十万元（1943年），还不算棺材和坟墓钱……
这些我们都得提前安排好。

来吊唁的礼都轻得很……西镇惯来礼（称为"人情"）
就小。操办这事确实难……"礼正"（正确的仪式和礼节）
是很紧要的。

这种听天由命不仅是为了准备身体的归所。许多人还希望
确保灵魂免受折磨。每当遇上各色神诞，如观音诞、龙王诞和
王母娘娘诞，各个年龄段的妇女都会参加祭祀活动。总有一群
格外热衷此事的妇人。老妪们通常自发组成团体，在祭台前或
站或跪，大声诵读经文。诵经时有的持香，有的敲木鱼，有的
仅是双掌合十。如此唱诵占据了这类节日的多数时间。此外每
逢初一、十五也要诵经。这时，妇女们就会与邻里乡亲或亲朋
好友，三三两两结伴去此庙或彼庙里一同念经。

在"神灵世界"一节中，我试图描摹神灵世界的图景，并
阐述人和神灵世界的关系。我们可以说，妇女们如此虔诚是因
为这类行为将增加她们在神灵世界的功德。老年男性似乎并不
热衷于这类祭拜。参加仪式节庆之外，他们更愿意去"圣谕坛"
（一种宗教组织），他们在那里抽水烟，互相谈讲经文。家境富
裕的人还会为圣谕坛的降神会慷慨捐赠。

在如今的西镇人的印象中，有两个人生定位以极端方式发
生改变的例子。一个例子是一位无亲无故的寡妇。她有点零碎
钱，自己在西镇南部的山腰上建了座小庙。庙称"中山寺"，庙
里塑有佛像。她每天除了成千上万遍地念经之外什么都不做。
报告人并不清楚她何以为生。七八年前寡妇去世了。西镇人补
充说，过去也听闻有其他寡妇成了信徒，但没有给出具体例子。

另一个例子是一名在我调查期间仍在世的男子。他住在一座道观里，观中供奉着一位西镇人，传说多年以前此人死后成了仙。这座道观位于西镇南边山脚下的村里。这名男子成日吃斋戒荤，诵读经文。

在前文，我曾说女信徒一般给出的理由是，念经奉佛可以在神灵世界积累功德。她们未言明的更高期望实是有日能成佛。可是就像现在街上的普通人很少会公开表示自己想当政府高官，她们也绝不会声称虔诚供奉就能够使自己成佛。但毋庸置疑这是她们精神追求的核心。

有许多传说声称男人或女人死后成仙。最广为流传的例子是明朝著名文人杨士云，他是土生土长的西镇人。人们都说杨士云死后不久，一个上山砍柴的村民在路上遇到了他；村民不知道他的死讯，便和他随意攀谈起来。杨士云还请村民去他家中告诉杨家人自己的一双鞋子在何处。尽管村民困惑不已，但还是按其指示行之，这才得知杨士云已于几天前去世。令众人吃惊的是，他的家人正在找那双鞋，遍寻无果；最后，他们在幽魂所说的地方找到了那双鞋子。大家都一致认为这是神魂显圣，便专门为他建了座庙，至今仍在山上。

据当地法师说，杨士云在另一个世界的封号是"普济真君"，他是神灵世界的大官，主掌沟通死者的仪式。

还有一个例子为一名杨氏男子，他多次担任降神会的誊录生，生前献身于灵修，死后被封为"执箓真君"。这两位神祇的画像都可以在《八德真经》中找到。

此外，传说至少还有三个当地人被封为城隍（保护神，分别管辖一方地界）。其中，还有人婉言谢绝了阎王让他当城隍的邀请。

我所知女人死后成仙的仅有一例。这名女子死于 1940 年，年龄约 60 岁。她生前住在洱海边的一个村子里，终生一秉虔诚。她的丈夫逝世多年。三个女儿均已出嫁；一个儿子未婚，靠做小买卖为生。她死后，有一次儿子向神婆问起，神婆说以后家里应给去世的母亲烧黄纸钱，而不是白纸钱。神婆告诉他，他的老母亲已经成仙了。黄纸钱是烧给神仙的，而白纸钱只能烧给死人的灵魂。很多人对这个故事深信不疑。

神灵世界

为了理解死者的处境，我们有必要认识一些有关神灵世界的观念。为此，我采访了八位本地的法师，其中两位在业内颇受尊崇。我还分析了五册当地寺庙的完整宗教文书，其中四册是经书，第五册题为"醒世金钟"。这些经文逐字记录了各路神仙在此庙或彼庙的繁复仪式上，面对大批信众所说的内容。第一册记录于 1932 年的重庆，在云南广为流传。第二册和第三册都是由西镇的圣谕坛所记，时间为 1938 年。第四册出处不详，是"老神仙给的"。第五册《醒世金钟》于 1927 年在西镇紫云山寺录得。这最后一册并非神谕的记录，而是系统描述了：（1）灵媒巡游冥界（the Lower World）两周内的每日见闻；（2）大量对于善恶之人的赏罚之事；（3）以冥界十殿阎君为主的众神仙对世人的忠告。

灵媒的工作方式和与神鬼沟通的全过程将在下文详叙。我先继续说明当地法师的经书和《醒世金钟》中所呈现的神灵世界的基本结构。

神灵世界如下所述：人世和神灵世界有一条明确的分界线。

这条分界线就是人们所理解的生死之隔。过了分界线有两条大道：一条宽阔大路通往天界或更高的神灵世界，一条狭窄小路指向深幽的地府。

灵魂进入小路后很快就会到达"三岔口"，这里有商铺、旅店和餐馆，与人间街景一般无二。再走一段就到了鬼门关。鬼门关本身是座堡垒，和任何城墙的正门一样。门前设有登记处，登记新死者和其他游魂野鬼，还有一间贵客接待室。鬼门关由鬼差把守。

门内有许多城隍。城隍的职责包括记录各自辖区内每个人的善举恶行，并把记录交给其直属上司阎君。有时他们自己也惩罚恶男恶女。辖区内一有生死之事，城隍便会知晓。因为家家户户必须到城隍庙里将这些事如实上告。

城隍上头是十殿阎君，均有特定封号，配有鬼判官和鬼差。其中八个阎君有监狱（或称地狱）、惩处恶人的酷刑厉具，以及招待贵客的客室。每个阎君都住在高墙围绕的宫殿之中，城墙入口由阴兵鬼将把守。阎君对于求见之人和殿外之事不闻不问，他直接接收上令，来访者则由手下和鬼将通报。

十殿阎君受冥界最高统治者管辖，后者又称"幽冥教主"或"地藏王"。地藏王承接上意，交予阎君执行。十殿阎君的宫殿排成一圈，地藏王的宫殿坐落在中央。这些宫殿占地广阔。据法师们所言和《醒世金钟》记载，这些宫殿与全中国相应，例如一殿阎君位于山西长安，二殿阎君位于湖北武昌，等等。法师的地理知识不是很好，他们不知道长安不在山西而在陕西。

十殿阎君中的八个有专为恶人准备的监狱以及酷刑厉具。他们是二殿阎君到九殿阎君，个个都拥有一所大牢房或者说地狱。每个大地狱内又有十六个小地狱。恶男恶女的灵魂会被永久关押在此，或是等待受审、拷打、转移到其他阎君处。

书中特别提到两处高台，一是"孽镜台"，一为"望乡台"。孽镜台在一殿阎君的宫殿中，望乡台在五殿阎君的宫殿中。孽镜台能映照罪孽，多恶之魂通常总在阎君面前否认生前所犯的种种恶行。这类恶魂会被押上孽镜台，站在镜前。孽镜会昭示他们所犯累累罪行的种种细节。

灵魂在"望乡台"上可以最后望一眼本家、乡里和人间。此情此景常使灵魂泛起乡愁，沮丧不已。通常只有罪恶之人的灵魂会被押上望乡台。

除了冥界之外，诸神灵至少还有另外两境："天界"和"西方极乐世界"，分别称为"无上天"和"西天"。无上天由至高权威玉皇大帝统领。他御下有各路仙官，最重要的是关圣帝君（武神，三国时期的英雄人物）和张桓侯大帝（关帝的结拜兄弟，同属三国时期）。玉皇大帝治下还有三大教派领袖：孔子、佛祖和道教始祖老子。人们认为三教同源，因而三教领袖常被一起提及。这三教老祖并不活跃。最活跃的是上述提及的两位仙官和其他低级仙官或神祇。没有人知道玉皇大帝麾下究竟有多少神仙。我统计过一本经书，共计608位神祇，包括耶稣基督和穆罕默德，他们也被称为圣人，受玉皇大帝管辖。接着，书中写道：

　　除了上述神祇，还有以下各路神仙：十方帝君，神仙兵马，十极神王，二曜九星，三官四圣，五方星斗，四天门王，周天星众，二十八宿，降魔金刚力士，飞天神王，长生佛，六十甲子星君，八卦天神，九皇星君，五方五德星君，十方天尊，灶神门神，四值功曹，四海、九江、五岳、四渎，山林、川泽、井泉、沟渠，十二河源一切主者，城隍社令，土地灵官，树木神众，法箓吏兵，护戒、护坛、护经、护道。

大多数神祇的头衔极富想象力。所有头衔均经过擢升。例如："三十二天帝""玄穹高上玉皇大帝""西方无极至尊青华教主觉皇古佛天帝"。一座本主庙里的本主神和他妻子的头衔分别是："敕封大圣西来护法灵镇五峰建国皇帝"和"保懿自在明德圣母"。

天界之外，还有西方极乐世界。可以看到，上面所列部分神祇的头衔暗示了他们来自西天。但我的报告人对天界和西天的确切关系并不清楚，经书中也没有指明。西方净土的至上神是佛陀，常称为"佛祖"。但在有些经书中，西天是由"瑶池金母"掌管，她的全称是"天地定位化生万物开辟三界金母元君"。

在《醒世金钟》中，瑶池金母管辖着"十洲三岛的神仙，死后成圣者，教主，冥界十殿阎君和地藏王，五湖四海龙王"。事实上，除了玉皇大帝，天界所有神仙均受其管辖。

但西天和天界似乎有所差异。天界表现出更多行政机构的特征，西天更像简单纯粹的至福境地。西天主宰者的行动目的不是惩罚，而是帮助俗世免受罪恶和苦难。

和冥界诸神相同，西天和天界的神佛无法直接知晓人间事，他们只能通过使者和低级仙官加以了解，后者的职责是记录凡间发生的事情并汇报给上司。这些低级仙官又称"日游神"（白昼巡游人间）和"夜游神"（夜晚巡游人间）。他们有着高跷一样的长腿，大步走路。日夜游神向天庭传令官报告自己的巡游结果，由其转呈玉皇大帝。

我还采访了大量普通人，试图弄清他们对神灵世界究竟持有哪些观念。结果众人莫衷一是，所描绘的图景并不清晰，但还是有些公认的要素和人物如下：

1. 冥界十殿阎君、天界诸神、玉皇大帝和一群低级仙官。

2. 城隍相当于凡间的地方官。

3. 阎君的功能及其执掌刑狱的事实如上所述，城隍的功能亦如上述。

4. 有关天界和西方极乐世界的观念很模糊。唯一确定的是两境共有两位主宰。大部分报告人认为天界和西天分属两位主宰，与法师和经书所描述的如出一辙。其他人则认为瑶池金母受天界玉帝管辖。

5. 佛祖属于西方极乐世界，是一位法力无边、慈悲为怀的神。他和瑶池金母的关系不甚清楚。

6. 关于五殿阎君的认知最为清晰，人们普遍认为他比其他阎君严酷。

7. 武神关羽是众神中最为杰出的神祇。他在所有降神会中都十分活跃，最受人们崇敬和畏惧。正如前文所述，关公是个历史人物，他的结拜兄弟张飞，与他具有同等地位。但报告人说关羽比张飞的地位高得多。

8. 其他常被提及的神祇为三教老祖（孔子、老子和佛祖）、柳真君（道教神仙）、关平（武神关公之义子）、观音菩萨（传说位居南海）、龙王龙母、本主神（有些与城隍等同）、瘟神、财神。

整体而言，神灵世界与人世极为相似。天界的玉皇大帝是众神之首，与世俗政府的首领或皇帝无异。他和其他不同地位的神明的关系，就像世俗政府首领和其手下官僚的关系。这个神明等级体系有权赏罚凡人，无论在其生前抑或死后。

男人和女人对神灵世界的看法似有不同。男人的陈述往往更明确，他们对神明世界的结构以及重要的天神表述得更清晰。而女人往往含混不清，只能泛泛给出与某些特殊功能或疾病有关的神祇名字。其中一些像是五殿阎君、送子娘娘、观音菩萨、眼光娘娘、痘疹娘娘、瘟神、痘神或者本主神。这种差异至少部分是男性比女性更有机会阅读经书或与法师交谈所致，因为识字和不识字的男性之间也表现出类似差异，只是程度较小。[1]然而无论男女都意识到有神灵世界和神明的存在，尽管他们说不出所有细节和全部神祇。穷人和富人在信仰上似乎并无明显差异。

大部分西镇人承认，普通人不可能完全了解神灵世界，最好求助法师。一名粗通文墨的男子这样向我表达他的观点：

> 信神的人只晓得自己信仰的神……他们也只对这些神的诞辰上心……譬如说，有些人拜地藏王，有些人拜本主神，不管其他的。这就像信耶稣的只晓得耶诞一样。

另一个人说：

> 我们有数不清的神佛。每个月至少有 10—15 个神诞日，

---

[1]　上过大学的西镇人在诸多重要方面流露出对神灵世界蒙昧无知的苗头。但他们在外在行为上仍严格遵守社会规范。

还有许多其他仪式。即使土生土长的本地人也数不过来。

尽管如此，大多数成年人对数量惊人的神祇头衔、尊号如数家珍，并能描述神祇们在神灵世界中的生活。虽然有很多互相矛盾的地方，但他们对神灵世界的信仰总的来说毋庸置疑。

人与神灵世界的关系

每个人都有自己的身体和灵魂。如果一个人正常死亡，如寿终正寝或病逝，他会变成"魂"去往神灵世界。如果一个人死于非命，如为盗匪所杀，他的灵魂就会变成鬼。通常，正常死亡的人的遗体会得到妥善安葬。而被杀死的人往往曝尸荒野，这也就产生了鬼。

魂对人没有恶意也无害，鬼则相反。鬼可以通过请法师祈祷和念经来超度。鬼由此变为魂，也就无害了。只有魂才能投胎转世。当一个人死于匪祸或是意外，他的灵魂不会自然而然地变成鬼。但如果死者的灵魂有不满，他就会变成鬼作乱人间。

"鬼"仅指男性。女性的对应是"妖"。几个西镇报告人一致说几年前西镇闹了几次妖，但我只获知其中一次发生的具体地点和细节，报告人补充说，事情发生的时候，西镇人口相对较少。这一说法与事实相矛盾。既然他们清楚记得这件事，说明此事应该发生在不久之前。可西镇几个世纪以来一直人口稠密。报告人讲的故事是，有人看到很多妖坐在C家宅子外边小巷的石廊上。人们于是迅速做法事安抚她们，以防灾祸降临到这家或别家。他们不曾记得西镇历史上发生过残害女性的事，但又说约90年前，叛军占领西镇时，大批女性惨遭蹂躏和杀害。

"佛"（Wai）指的是庙里的塑像。塑像是神祇的身体。神祇的灵是圣或神，与人的魂相对应。

一个人是福泽绵长，还是灾祸缠身，主要取决于两件事：天定之命以及日常行为。前者指人出生时已定的寿数；后者指人行善或作恶。"善"和"恶"由传统定义，这一点我们很快就会明确说明。城隍以及十殿阎君的属官依据灶神、日游神和夜游神等神祇的报告，将人的善恶行为记录在册。城隍通常要派遣使者去召唤或者抓捕阳寿已尽之人的灵魂，无论后者是到了命定的寿数，还是因自身恶行而横死。善行会延寿；恶行则会折寿，或是让人灾祸不断、病痛缠身。

当一个人的魂离开身体时，就进入了神灵世界。他一跨过生死界线，就会看到两条路，一条是通往天界或者西天的康庄大道，另一条是前往地府的狭窄幽途。如果亡者在人间享有善誉，他的灵魂就会受到款待，被接引上坦途。无名之辈的灵魂则被送往鬼门关去见一殿阎君。如果灵魂生前恶名昭著，已被特别判罚减其阳寿，他就会被戴上镣铐。

在面见一殿阎君前，所有的灵魂都要过河上的"奈何桥"。这座桥看着摇摇晃晃。过桥的灵魂若是掉到河里，就会被底下的怪物吞噬殆尽。

在接下来每位阎君处，生前做过恶事的灵魂都会受尽酷刑，例如大卸八块、碾成齑粉、炮烙、剖腹，等等。刑罚的酷烈程度取决于他们生前所犯罪孽之轻重。在十殿阎君的堂上，作恶的灵魂有可能获准投胎转世。那些罪大恶极的灵魂则不得超生，永世困于地狱。这些重新投胎的灵魂有的投胎成低等动物。行为较好者则可以重新投胎为人，但会一生贫寒困苦。

十位阎君的簿子上都会单独列出生前无恶行的灵魂。其中大多数很快会被送至十殿阎君处，投胎到好人家。更好的灵魂会被接到某位阎君的府上款待数日。其中少数灵魂会被授予神明统治集团内的官职，一般是城隍，亦即冥界的一方之长。极少的灵魂会成为更高神祇，任期永久，自此升入天界或西天。这类灵魂如果投胎转世，至少也会成为政府高官。

灵魂在冥界所受的惩罚会因其后代的恶行或善举而有所增减。请法师主持诵经法事也是一种善行。同样地，后代所行之善恶也将影响灵魂下一世投胎的好坏。

前文已经明确，灵魂间最重要的差别在于"善"与"恶"。以下依据6位法师、15位随机选择的报告人和本地经书，分析了影响个体及其灵魂"善""恶"的各种品质和行为。显然，有时第二栏条目会与第一栏重复。德行的区分综合了报告人所述和经书所载。概而言之，第一栏包括更多的抽象品质，第二栏则是解释抽象品质的具体行为。

标有星号的条目明确仅适用于女性。人们谈及善德的最后两项，即男性的五伦八德、女性的三从四德时，通常没有注入细节，但所有信息源在详细阐述各项条目时，不乏涉及此两者的具体内容。

表6　善恶特征

甲. 善德	乙. 善行
孝悌	孝敬父母，友爱兄弟
*贞节（尤指守寡不再嫁）	尊老、助邻
勤俭节约	尊师、敬神
诚信经营	*尊敬丈夫、公婆
和睦乡里	*和睦妯娌

续表

甲．善德	乙．善行
和睦同族	修路建桥
五伦（天地君亲师）八德（孝悌忠信礼义廉耻）	创办学校
*三从（未嫁从父、既嫁从夫、夫死从子）四德（妇德、妇言、妇容、妇功）	诵经，传经，传颂道德故事，加入宗教组织（教会），请法师主持祈神会
	遵守性禁忌日

丙．恶德	丁．恶行
*放荡	教派之间嫉妒争斗
酗酒，浪荡，贪图富贵，暴虐	男女同校
*不睦家庭、乡里	*离婚
骄横跋扈、目中无人	*违背母亲意愿的自由恋爱结婚
数典忘祖	*勾引、通奸
亵渎神明	违法
	杀人放火，以及其他伤害无辜者的违法行为
	叛乱
	开办妓院盈利
	开办赌坊盈利
	奢靡
	*诵经不诚
	不积口德（即恶意攻击他人弱点），拒绝扶危救难，或惹恼他人，或袖手旁观
	出家人饮食无度，不守淫戒

　　我们可以从《醒世金钟》中获得进一步认识。在此须先简述此书的来源及其影响。《醒世金钟》以"实际事例"为材料，展示了决定人死后受到惩罚还是奖赏的行为类型（type of behavior）。对女性而言，极恶之罪是通奸和造成家庭不睦。相

反，丈夫死后，无论如何艰难困苦也守寡不嫁的女性，其灵魂会受到慷慨奖赏。以下是其中最有趣的例子：

> 有女丁氏，来自西镇北边某个村镇，灵媒看见她的灵魂在地府遭受了种种酷刑。为了减轻刑罚，她坦白自己曾背着丈夫通奸，使丈夫与其叔婶之间发生争执。她还承认自己通奸导致丈夫无后。随后她继续说道，丈夫为之震怒，于是找自己弟弟帮忙。其弟是昆明的一个团长。兄弟二人策划了一场阴谋。一顶轿子来到女人的门口，随行有张请柬邀她赴约。她上了轿子，却没有被送往任何人家，而是被扔到荒郊野外。一名持枪的士兵出现，枪毙了她。她一丧命，灵魂就戴上了镣铐，被送到阎君处。自此这个灵魂就一直受着各种酷刑的惩罚。

这个例子清楚地表明，对不忠的女人施加身体暴力乃至谋杀都是合法的，即便这些行为显然归属恶行。这个例子还表明灵魂所受的惩罚和在世的酷刑并无分别。

书中举例的男性恶行是放荡、赌博、吸鸦片、酗酒、经商诈骗、不孝。第一项主要针对僧侣，后两项适用于所有人。书中详细描述了两个"真实"事例，反过来说明穷困但仍孝顺父母、诚信经商、安于简朴生活的人死后会得到优待。

第一个例子是关于一名杨姓男子的灵魂。他几年前住在西镇，其人生平如下：

> 他出身贫寒，娶了一位贤惠的妻子。最初，他在一个叔叔手下开始学做生意。不幸的是，做生意赔了本，他们

不得不关了铺子，回到老家。回家之后杨的父亲就过世了，家里常常揭不开锅。他和妻子靠织布、染布，再到市场上去卖布来养家糊口。他的母亲常常训斥他，但他从不争辩。他也从未想过用非法手段获利。杨会吹笛，于是加入本地寺庙成为其成员，定期参加祈神会和降神会。其余时间他都在做散工。无论生活如何艰难，他都尽力取悦老母亲。夫妻俩恩爱和睦。两人从未因任何事互相责备。母亲生病后，他日夜照顾。病后三天，老母亲便过世了。他求亲告友，才使母亲得以妥善安葬。母亲逝后，他更加与世无争。他从不羡慕富者，也不鄙视穷人。他也不因生活不如意而怨天尤人。凡是祈神会，或其他力所能及的善事，他总是乐于帮忙。没钱就出力。他意识到自己命当如此，因而安于贫困。杨后来因病而亡。他没想过一个穷人在神灵世界会得到什么好报，但等他一到那里，立马就被一顶绿呢大轿接走去当官。此后杨便成了秀水县的城隍。他要灵媒把这段记录带回去，告诫他的三个儿子要在寺庙组织里虔诚修行。

第二个例子是关于一名同样生前不幸、死后成为城隍的男子的。

他出生于西镇一户严姓人家，入赘到曹家。进门之后，他始受蒙学，熟读经书，却未曾中榜。于是他捐了一个五品官，成为一名佩蓝色顶戴（清朝品秩标志）的官员。尽管如此，他仍意识到自己于仕途无望。后来他决定弃官从商，做银器生意，开了一家店。其他银店都用杂银充当纯银，但他不同流合污，给顾客标为纯银的商品定是纯银。他从未以任何方式弄虚作假。他去世时已经 68 岁，大约又过了 30 年始与灵媒沟通。他在五殿阎君的府上当了近 30 年的贵客。后来，他的子孙成为寺庙组织中虔诚热心的信徒，这增加了他在阴间的功德。这些都被游神记下来，呈送给了天界的玉皇大帝。他一年前被指派为明山县的城隍，现在已经当了一年的官。他要灵媒（正好是他的孙子）回去以后对神祇更加虔诚。

性禁忌日[1]通常是神诞日或显灵日。我从两处获悉下述禁忌日列表，一张贴在寺庙组织圣谕坛处，另一张来源于几位法师向我推荐的道教经书《敦化归源》。两张列表基本一致，且均与第一章所列的常见节日相符。

我曾和法师以外的各色人等讨论此列表，然而他们无法给出关于性禁忌遵守情况的统一描述。但以下几点十分明确：（1）大部分报告人都同意，**在任何地方**给出的**所有**神诞日和宗教节日期间，都必须遵守性禁忌；（2）多数报告人并不清楚违反性禁忌将受何处罚，但是他们坚称，这种违禁行为是"恶的"和"危险的"；（3）大部分报告人坦白他们曾在这个或那个性禁忌日违背禁忌或忘记遵守；（4）所有的报告人都同意，只有傻子才会在瘟疫和祈神会期间沉湎于房事。

1　这里"禁忌"（taboo）一词的含义要比波利尼西亚（Polynesia）人所指的含义更宽。下文罗列的日期是性禁忌日的原因是：这些日子或是神祇的诞辰，或是神祇显灵的日子。性生活以及所有相关之事都是不洁的。在此期间性交实是对神灵的冒犯，和在庙里性交冒犯神明相同。

表 7　性禁忌日

	甲. 第一章的列表	乙. 圣谕坛的列表 [1]	丙.《敦化归源》的列表
月份	日期	日期	日期
1	1		1
	9	9	9
	15	15	15
2	3	3	3
	5	15	15
	19	19	19
3	3	3	3
	15	15	
	28	28	28
4	8	8	8
		14	14
5	5	5	5
6	24	24	24
7	7	7	7
	15	15	
8	3	3	3
	15	15	15
	27	27	27
9	9		9
	19	19	
10	15	15	15
11	19	19	
12	8		8
	23	23	23
	30		30
	24 天	21 天	21 天

1　有充分理由表明表中的一些日期是法师们随意添加的。这张表中有两个月神诞，负责的法师却无法给出任何可信的说辞。但可以肯定的是，不同列表中的主要日期是一致的。

目前没有关于妇女该如何遵守性禁忌日的直接材料。但显然男女在这方面不会相差太远。所有妇女在去寺庙瞻礼之前都会从头到脚洗干净。

总而言之，神灵世界是人死后的归所。阴间（the world of spirits）与阳世（the world of the living）大致相似，都有政府首领、官僚体系、赏善罚恶的权力，都鼓励个体成就功业。但阴间不仅是阳世的翻版。实际上前者是后者的必要补充。这一点在以下事实中尤为明确：决定个体在阴间所受赏罚的善行恶举，与他们在阳世所行美德或所犯罪愆相对应。此外，神明的赏罚可能在个体生前或死后应验。这点不仅有《醒世金钟》所举的例子和报告人的说法为证，而且大部分通俗文学也都可以确证这点。在列出性禁忌日的《敦化归源》一书中，所有具体惩罚都直接指向生前：（1）折寿，（2）暴毙，（3）穷困，（4）家中生死胎或怪胎，（5）恶疾，（6）哑不能言。西镇人还经常把降临到个体头上的灾祸解释为神灵的惩罚或报应。当灾难发生在许多人身上时，如1942年的流行性霍乱或者1926年的南部地震，整个社区都负有道德责任。祈神会的主要目的就是净化人们的罪恶。

总之，人与神灵世界的关系在诸法师的叙述图景中最为清晰，但不一定前后最为一致。法师们也知道不是所有西镇人都相信或熟悉神灵世界中的一切细节。在一本经书中，神明示谕"于官吏富豪，……［法师］当以其命中灾祸劝之；于平民百姓，……［法师］当以赏善罚恶劝之"。显然，对于任何观察者来说，没有一个西镇人是完全不信神的。

死亡与丧葬

死亡是个体从人世转向神灵世界的标志。西镇丧葬的所有仪式都旨在以下四点：（1）护送灵魂平安抵达神灵世界，（2）保证灵魂在神灵世界的安适，（3）表达生者的悲痛之情及其对死者离去的不舍，（4）确保死亡不会埋下不可控的灾难隐患。

丧礼的繁复程度直接取决于家庭经济条件和死者的社会地位。根据死者年龄也会有所不同。孩童离世一般不会举行葬礼。未婚嫁的青年男女葬礼规模亦有限。即使是大富之家为其未婚子女办了和已婚青年一样的葬礼，他们的遗体也不会葬入家族墓园，而是葬在狗街附近的公共墓地。分娩时死亡的女性的身体是不洁的，也要埋在公共墓地。

家庭成员去世，家里的首要之事就是检查死亡日期是不是"重丧日"（double death）。一年有八个月含重丧日，可以用一首诗记之：

> 正七连庚甲，
>
> 二八乙辛当。
>
> 三六九十二，
>
> 戊己是重丧。

家家户户都有皇历，农历的每一天都可以从天干和地支中各取一个字来组合表示。每逢这六个字（庚、甲、乙、辛、戊、己）的日子便是一个"重丧日"。由于只有十个地支循环往复，每个月大概就有十六七个重丧日。

如果死者在重丧日离世，则需要举办以下仪式，以免家中会有第二个人离世。用绳子系住公鸡的一条腿，把它吊在遗体前面。公鸡很快就死了。用纸剪一个小人，或用面粉做一个，放到芦苇或者竹叶制的小棺材里。举行葬礼当日，将公鸡放在棺材前，而小棺材则由送葬队伍中的一个人放在篮子里拎着。当队伍走到西镇以西通往主路的十字路口时，把公鸡倒挂在某棵树低处的枝头，再把小棺材埋在附近。死掉的公鸡和埋葬的小棺材就会冲掉第二个人死亡的凶兆。

如果死者是上门女婿或进门媳妇，就要立刻通知死者父母家。他们会来人检查遗体，看是正常死亡，还是死于虐待、谋杀。他们来之前，遗体不能封棺。如果亲家有疑心，通常会激烈争吵，然后对簿公堂。

人们会把一颗红枣和一颗系着彩线的白枣放入死者的口中。男性死者的头上会戴一顶普通的帽子，女性死者则盖一块黑布。遗体穿着特意准备的华服，外边再用红布包起来。遗体下面垫着、上面也盖着棉花和红布做的"福被"。遗体入殓后，棺材里将填满石灰包或者棉被，以防遗体在出殡时晃动；还要拿一个小罐子装点水，放入两条小鱼，用红布包上，届时埋在棺材下面的坑中，以此确保家庭繁盛。封棺时间、出殡时间以及下葬日子都得由算命先生或看皇历决定。这才能保证不会冒犯土地爷，死者在坟冢中才能安息。

穷人家一般在死后三天内出殡。这种情况下，出殡的日子（而不是具体时间）只以方便为先。如果葬礼安排在死后第三天，那么日期和时辰都要由算命先生来定。在富裕家庭，如果死者是年轻人也会在三日内出殡，过世长者的棺材可能会在家停留长达一两月之久。死者越是年高，与生者的亲属关系越是重要，棺材的停放时间就会越长。儿子为双亲停棺的时间应最久。但如果他的祖父母仍然在世，那么停放时间则会缩短。

棺材在家停放的时间长短标示着生者对逝者尊敬和依恋之情的强弱。西镇人和所有中国人一样，日常生活中总是尽可能挽留一位受欢迎的客人；如果主人没有如此表态，那么意味着不欢迎这位客人。如果一位富有的人没有为父母或祖父母长时间停棺，他就会被骂是希望逝者早死。

对某一墓茔来说，何年何月更适宜下葬需要参考家宅位置决定。八方为南、北、西、东、东南、西南、东北、西北，算命先生须决定哪个方位吉利。如果家族墓地位于家宅西南方的山坡上，而算命先生认为这个方位在今年对该家庭不利，他们就会把棺材抬出家门，暂厝他处。人们不会把棺材埋入坑中，而是放在地面，用木板或石板盖上，直到某年某月西南方位变得吉利了再下葬。如果有一家不这么做，那么家族墓地的好风水就可能会全部失效。正如第二章所言"子孙后代的繁盛有赖于祖先的安息之所"。

死者过世的当晚，他的衣服、床具，以及其他日用品都会被拿到西镇地图上的 A 地或 B 地烧掉。许多报告人说，这是为了让死者能够继续使用它们。一位报告人补充说，有些被烧掉的东西是死者生前最喜欢的物件，比如某件乐器。不过其他人说，烧掉的东西是"脏"的衣服和事物，言下之意是这些东西被死亡污染了。虽然在此无法得出一个确切结论，不过我们必须注意这一显著之事，即人们相信死者在阴间也有需求、愿望、志向、情感，一如他们在阳世一般。

死者一过世，家中将派出一名年长女性带上香烛供品去最近的庙向本主神或城隍报告死讯，以确保死者的灵魂碰到的第一位主要神祇对其怀有善意。人们要为死者的灵魂烧大量纸钱，以供死者在彼世花销。不过和中国其他地方不同，西镇人不烧纸马、纸车驾、纸房子之类的东西——这些东西只用以送走那些带来疾病的恶鬼。大部分西镇人都不清楚他们死去的亲眷会如何，但是从亲戚朋友赠送的引魂幡来看，他们认为死者正去往西天。但事实上，多数报告人都认为，大部分死者的灵魂都要在地府中经历苦痛。

死后三天，死者的灵魂将来到危险的奈何桥。为确保灵魂能够平安通过奈何桥，人们会按习俗请法师在第三天晚上念诵经文。

如果家境允许，在死后第三十五天，家人还要请法师再念一次经。大部分报告人认为，此时死者的灵魂已经到了五殿阎君的府上。这位阎君通常被认为是最严厉的一位。法师念经的作用在于请求五殿阎君发慈悲，不致过于严酷对待死者。

到死后的第二个或者第三个新年，亲属的丧期就满了。这时还要念一次经。关于这一过程并无特殊说法，不过是某种对死者有益的习俗罢了。下文将介绍西镇丧葬的一些显著特点。

服　丧

死亡会引起极度悲痛。年轻人对离世老人、晚辈对长辈公开表达这种悲伤之情是一种义务。生者和死者的亲属关系越密切，前者表现的悲痛就越强烈，这体现在丧服、哭丧以及对个人舒适和仪容完全地不管不顾上。丧服用粗白布制成。死者的子女须穿最粗糙的丧服，且要穿最久。丧礼期间，他们要全身戴孝。丧礼结束后，可以不全身都穿白色丧服，但是不能穿丝绸和亮色衣物，直至服丧期满。子女服父丧两年，服母丧三年。西镇人强调，这一差别是因为母亲照料子女的担子更重，所以子女"欠"（debt）母亲的更多。

服丧者与死者关系越疏远，丧服布料越细，其数量以及服丧期也相应地减少。死者子女的服丧义务理应严格遵守，无出其右。以亲子关系为标准，亲属关系的密切程度朝向两个方向递减：直系和旁系。孙辈的服丧义务弱于子辈的，曾孙辈的又弱于孙辈的，玄孙辈便无服丧义务了。旁系里，兄弟孩子的服丧义务要弱于子女的，堂亲孩子（父系一侧）的又弱于兄弟孩子的。服丧义务不出同一高祖所生的子孙后代。

母系一侧，服丧义务仅限于母亲的父母以及母亲的兄弟姐妹。同辈之间的服丧义务是相互的，丈夫和妻子之间除外。妻子为丈夫服丧与为父母服丧相同，但丈夫为妻子服丧要弱得多。

父母殁后四十九天内，儿子不能剃发修面沐浴。服丧的两三年内，子女亦不能嫁娶。以前，服丧期间，儿子的妻子或小妾怀孕会被认为是一件非常不道德的事情。但现今西镇人也不怎么遵守这个规矩了。出殡路上，死者的儿子要看起来悲痛得无以复加，以至于要是没有孝杖或者被两个人搀扶着，就无法直身站立。

无论男女，葬礼上都要号哭，但只有女性（通常是死者的妻子或者儿媳）在棺材停放在家和整个葬礼期间都要高声痛哭不绝。亲戚关系越近，就越有义务要哭得悲痛。

棺　材

通常老人会早早把自己的棺材备好，存放在宗祠里。棺材质量高低和穿着体面与否或房子是否豪华一样重要。如果死者或将死之人是一位已出嫁的女性，棺材要是不够好，她的娘家就会抗议。同样地，如果入赘女婿的棺材不够好，他的父母家也会反对。

出殡队伍由两面引魂幡在前引领。其中一面是红纸做的，上书"故显（考某公讳某 妣某门某氏）之引魂幡，往生极乐"。另一面是白纸做的，上书"（某公讳某 某门某氏）享年某某岁（一般会夸大寿数）之随幡，中华民国人士，敦厚诚实，闻名乡里"。无论家中是穷是富，出殡时都要放鞭炮，往街上撒铜钱状冥币。Ye 家一位老人举行葬礼时，从家到镇西边约一英里的路上，鞭炮声接连不断。鞭炮声能驱逐孤魂野鬼，冥币用于打发他们，就和扔钱给乞丐一样，这样死者的灵魂就能平安上路。

吊唁和宾客

所有亲属、宗族成员和朋友都有义务去治丧之家吊唁。吊唁的宾客携礼登门，包括大米、礼金、纸钱和挽联。挽联通常用蓝色、黑色或者白色的廉价绸缎做成。挽联上写着对死者的溢美之词，暗示或明言死者已前往或回归西方极乐世界。所有宾客至少会参加一次宴席。宴席的排场极尽死者家属之所能。显然，挽联与宾客之多寡贵贱，都是关乎生者和死者面子的重要事情。吊唁宾客的地位越高，治丧之家的声望也就越盛。至少某场西镇葬礼上，蒋介石将军和内政部长赠送的挽联在出殡时被摆在了最显眼的位置。

许多前来吊唁的人同时也充当帮手。整个仪式几乎都由亲朋来操持。根据所有报告人的陈述可以得出这种印象：丧事是一个显示报应的时刻（the time of reckoning）。如果死者及其家庭素来待人不善，那必无人前来吊唁。因此，一个朴素的道理是，吊唁宾客和挽联的数量代表着死者及其家庭在社区评价（community's esteem）中的位置。1941 年，镇上首富家的一场丧事有上万本地人参加。首富家出资招待他们，一日至数日不等。送葬队伍足有四分之一英里长。帮忙操持葬礼的有近百人，秩序井然。在上有人统筹和管理，在下又有人接待、入库、跑腿，和公共祈神会一般。

讣　告

亡者的死讯会由其子侄亲自告知住在镇上的亲友。他们和外地的亲友都会收到讣告。和中国其他地方一样，有钱人家的讣告十分讲究。讣告采用铅印或石印，上书：死者生卒年月日时，享寿几何，吊唁、出殡和宴请日期，以及死者的儿孙、兄弟、侄子、侄孙、曾孙等人的姓名，再附上死者的长篇生平。有时候生平事迹甚至会独立成册。它以赞颂之词追述死者的幼年早慧、学富五车，死者父母的才学与成就，死者的显赫履历、所行造福乡里国家之事、所获封诰、孝悌清廉之德，等等。通常还包括一些符合传统模式、真真假假的孝行，人们最喜欢的故事是孝子割肉煎药治愈病危的父母（或贤媳为救公婆割肉作引）。

这种叙述常常有所夸大，以符合古典文学世界里理想化的行为模式（behavior pattern）。讣告中死者年龄往往大于实际年龄。早逝是不好的兆头，人们普遍认为这意味着死者或其先辈道德有亏。几乎可以确定，引魂幡、讣告和墓碑上所写的死者年龄通常比实际年龄大五六岁，甚至更多。

一场体面的葬礼对于生者和死者都十分重要。生者由此尽到对死者的义务，确保家族平安兴旺、延续与亲友的良好关系、切实展现家庭的社会声望。这也保证了逝者灵魂从人世去往神灵世界的路途平安、在神灵世界中的生活安逸，还能使其重建与亲友的良好关系。

西镇人无法说清葬礼的意义，但从一个鞋匠在某次出殡仪式上的评论，可以看出葬礼的普遍意义：

> 人要是死在离家远的地方，那真是可怜。一个人必须要有亲戚朋友……他们会给你送丧。一个人死了，要是没有体面葬礼，没人送葬，那就死得跟条狗一样……

他接着又讲了个例子来解释：

> 比如学校那个从浙江来的老师。他淹死在湖里，只留下老婆和一个没长大的儿子。要不是他的学生和本地乡绅合计着给他办了一场风光的葬礼，那他可就死得太凄凉了……这种按我说是死得不惨的。

他提及的这位教师曾在本地中学教书，避难而来西镇，在附近湖里游泳时溺亡。他的葬礼场面盛大，由学校和地方乡绅出资，许多学生和西镇人都来送葬。

人死之后，人们就会立刻做好灵牌。整个葬礼期间，灵牌都置于棺材前。送葬时，用魂轿抬着灵牌。安葬后，死者牌位要置于家庭祭台上。丧事期间，祖先祭台前不举行敬神仪式。将要出殡时，人们会在祖先祭台前供奉食物，但不会上香烧纸。未及十二岁夭亡的男孩在祭台上没有牌位。十二岁以上但未及成婚的死者只得一个无字牌位。已婚死者的牌位会被放在一个神龛样式的匣中，祭祀时则敞开龛门。

客死异乡

如果一个人亡身他乡，人们会想尽办法将其遗体葬回祖先墓地中。如果不成，其家人得知死讯后要立刻在家中举办招魂仪式。仪式从傍晚开始，几乎持续整夜。家里会请两位及以上法师来举行仪式。连通家宅的大门和主路的小径两旁插着点燃的香。大门内的院子中庭摆着供桌，一张扶手椅面朝供桌放置。椅子上摆一套衣服、一个盛满水的脸盆、一把梳子和一条毛巾。供桌上也放着许多东西。首先是一面白纸引魂幡，形制与葬礼的引魂幡类似，但幡上文字意在"招引"（而非送走）死者的亡魂。接着是一个黄纸糊的牌位，用棍子插在一碗米中。牌位上书文字，意为"故显考（显妣）某某某之灵位，以香花供品超度经文敬召"。此外还有几盏莲灯，摆成了半圆形。每盏莲灯都用饭碗做成，碗中盛着油和灯芯，碗的边缘粘着一圈用粉纸剪成的莲瓣。点燃的莲灯如同莲花一般。另有一些摆成半圆形的供品：干那（gana）[1]、茶叶、盐、香木等其他东西。供桌对着纸牌位的另一边竖着两根蜡烛。

紧挨着供桌的是另一张法师用的桌子。法师至少两位，多则五位以上。他们坐在桌子两边的长凳上。大法师带着一两个已彻底出师的弟子念诵经文、为死者祈祷，法师学徒则主要负责在一旁敲鼓击铙，他们的节奏需要与其他人吹奏喇叭长笛的调子合拍。除了所用经文不同，招魂仪式表面上与祈神会别无二致。

上述第二张桌子的远端，即离供桌前扶手椅最远的一端，紧临屋子大门。死者的儿子、妻子和孙辈就跪倒在桌子和大门

1　白语，一种供品。详见第 175 页原文括注。——译者注

之间。他们先是号哭不绝，直到因筋疲力尽而哭得断断续续。

到了子时，人们要在大门外焚烧大量的纸钱，莲灯和引魂幡也一同烧掉。同时在院子里为亡魂举行过桥仪式。有些报告人把这桥叫作"天桥"，其他人坚称其为"奈何桥"。亡魂在冥界遇到的第一个障碍便是奈何桥。几把长凳以中国传统桥梁的造型置于地上，象征奈何桥。长凳捆在一起，上盖白布。大法师和其他法师一起边念着经文，边拿起死者灵牌，缓步带其过"桥"，然后将灵牌携入屋中，死者的儿子则在家庭祭台前跪拜。法师在祭台前吟诵片刻，便在神龛前烧掉灵牌。家人再为死者做一个真真正正的木制牌位，放在祭台上。

香插在家宅外的路边，其目的是指引亡魂找到回家之路。扶手椅供其安坐，衣物、脸盆均给其使用。

如果遗体被人带回家中，人们会为之举办一个体面的葬礼。如果没能落叶归根，就用"招魂"仪式代替葬礼。此处有一个明显矛盾：死者的亡魂被招引回家，却没有像普通的葬礼那样被送去西天。不过这一点并没有令西镇人觉得困扰。

第七章

沟通祖先

西镇人面对死者的突出特征之一是毫不惧怕，且他们为将遗体移出家宅而感到焦虑，所以他们方有停棺之举，或表现出想尽可能将其留在家中的强烈愿望。这不难理解，因为他们所处的文化认为身体发肤以及所拥有的一切均受之父母，故而子女应当以孝道报答。死亡无法割断生者和死者的纽带，仅是将这种关系推进到一种严格来说与之前不同，但理论上又是相似的形态。

生者和死者的关系主要通过仪式来持存，仪式有三个主要目的。有些仪式用以获得关于死者的消息：死者的下落去处，过得怎么样，何时能投胎转世。有些仪式旨在让死者过得好：为其提供食物、衣服和钱财。还有一些仪式旨在请求死者履行对生者的责任：准许缔结婚姻和分家，以及训诫年轻人。

在这一章，我们主要讨论第一种仪式——降神，也可以描述为"沟通死者"。降神通常在两到三年的服丧期里进行，在圣谕坛举办。圣谕坛是社区的庙宇组织。降神日期为西天极乐世界的至高女神王母娘娘的"寿诞"，即农历七月十八日，但仪式通常要持续五天，直至七月二十二日。

据圣谕坛法师说，坛名"圣谕"意为神明或圣人的旨意。

它源于武神关公，后者也常被称为关圣或者关圣人。

庙的内部摆放着各种宗教物品。三尊等身神像背对着墙安坐于高台上的神龛中：观音菩萨位列中间，文昌帝君居左，地母娘娘居右。每尊神像的面前都摆有一张供桌，上面放着仪式用品。此外供桌上还供奉着一排神祇，部分用牌位表示，部分塑有神像。

观音像前面是一尊彩塑关公像，传说正是关公授意建立的圣谕坛。关公像的两侧摆着八个牌位，每个牌位上都写着一位构想出来的神祇的头衔。文昌帝君像前有三个牌位，代表着灶神（居左）、天地君亲师（居中），以及护佑此坛的大灵官（居右）。中华民国的缔造者孙中山的画像，摆在地母的前面。墙上还挂着三张照片：此庙新近过世的大法师的照片挂在文昌帝君旁，本坛成员的合照挂在大法师照片的下边，一位过世成员（女性）的照片则挂在地母边上。孔子的画像悬挂在右侧墙壁上。孔像前有一张桌子，神明和死者的灵魂便是在此处示意传谕的。

主殿外的走廊上有一方大碑，碑前有供桌一张，专门供奉"在抗日战争中牺牲的英雄儿女"之英灵。

这座庙原先是建来供奉文昌、观音和地母的。大约25年前，关圣帝君在仪式中"降旨"圣谕坛，喻示借用此庙，这才另外增加了一排神明。虽然圣谕坛的活动主要与第二排神祇有关，但是对原先的三尊神像也不曾疏于供奉。

至于添加孙中山画像并为"在抗日战争中牺牲的英雄儿女"立碑之事，据大部分报告人说，发生在抗日战争爆发两年之后。有些报告人坚称这是为了保护此地免于当地人的蓄意破坏。有些西镇人反对圣谕坛，认为有伤风化，男女信众在庙中交往太过自由，简直成为淫乱之徒的天堂。另一些人反对的原因是他们完全不相信该坛所声称的功能。还有一些人则是妒忌它香火旺盛。一些报告人告诉我，有人甚至想要彻底解散圣谕坛，但是法师们很聪明：他们在庙里摆了孙中山画像、为牺牲者立碑，从而平息了反对声浪。

即使有些西镇人反对这一特定组织，但其实他们中大部分人都认为法师们的职能和其他类似组织的存在是理所当然的。所有报告人都记得，法师们和"坛"总是以各种形态在社区中存在。据说在抗日战争之前，这个社团所受资助的规模要大得多。我无法确证这个说法是否只是对"美好过往"的怀念。事实上，直到1943年年中，社团中的活跃成员仍多达两千多人；其中超过一半是女性。由于圣谕坛既没有会费，也没有特定的入会仪式，故所谓活跃成员无非是偶尔给坛里捐点钱或者通过给组织帮工赚点小钱的那些人。

通常，管理圣谕坛的是三四个专职法师，包括大法师（正督）和大法师副手（副督）。在王母"寿诞"期间，举办沟通死者的降神会时，还会从活跃成员中选出一些额外帮手。一般需要三十个帮手，有时会更多，给他们分配的任务如下。

表8 降神会帮手

职责	人数
正鸾	1（通常是大法师）
副鸾	1（通常是大法师副手）
侍香	6—7（他们也兼为其他干事奉茶）
主事	1（高级成员）
协理、侍乩（操持扶乩用具）	3（其中一到两人是法师）
司乐	15（或更多）
采买	2

职责	人数
誊录	2—3
唱鸾	3

这些干事由主神通过扶乩用具（spiritual recorder）委任。扶乩用具分为三个部分：一个装满细沙的托盘；一支柳木笔，笔上有架子，笔尖下垂；一个平整器具，用来铺平托盘中的沙子。两名干事相对而坐，拿着架子，笔尖触碰到沙面。法师按规矩完成请仙仪式后，这支笔就"自动"移动起来。请来的神灵或幽魂以此示意传谕。笔每次写下一个字，唱鸾之人就把这个字诵读出来，誊录诸生将其记录在册。所有的乩文（spiritual message）都是通过这个方式获得的。

王母的寿诞是农历七月十八。想要找已故亲人的人自七月十五起在大殿登记，他们要告知所欲问询的亡者的姓名、生辰八字，以及死亡时间。在 1943 年，登记一次要花费 20 元。这一年一共有约 120 人登记，其中大约七成是女性。从他们的请求来看，登记者意欲交流的往往都是个体家庭的成员：父亲、母亲、兄弟姐妹、丈夫或妻子。很少有人去询问祖父母或者其他人。

降神仪式在"寿诞日"开始，主要情形如下：除了各有职责的诸干事，所有在庙里的人都跪在地上。早来的人跪在主殿门口的走廊上；其他人按序跪在院子里。他们要一直跪着，直到今日要降临的神（the God for the Day's Work）到来。大法师在副手的帮助下，在大殿的中央神龛前主持，以香火符文、吟诵唱念宣告降神会正式开始。接着他按仪式请主神降临（1943年受邀主神是中央黄帝，这是最强大的本主神之一，其陪神为地位崇高的赵元帅）。大法师伏倒在地开始在中央神龛前磕头——先磕三个头，接着磕六个，最后再磕九个。当他这样做时，意味着本次降神会的两位主要神祇已经到来。随着法师伏地，管弦之乐亦同时而起。降神会期间，奏乐在法师的指挥下间歇进行。

接着大法师宣读降神会十诫，这十诫为：

> 不可不孝父母，不睦兄弟；
>
> 不可扰乱国法，犯上欺君；
>
> 不可不敬师长、忘恩负义；
>
> 不可挑拨宗亲；
>
> 不可寻报私仇，祸乱乡里；
>
> 不可坐视不救；
>
> 不可不积阴功，怀夹伪心；
>
> 不可假公济私，以势凌人；
>
> 不可不惜口德，犯隐攻阴；
>
> 不可违背上述任何一诫。[1]

宣读完十诫之后，人们要给殿内的所有神祇敬酒，行礼如仪。在降神会上，除了殿内常驻的神祇，房梁、墙壁和殿里其他地方还挂着上百条写着其他各路神明头衔和名号的条幅，与

---

[1] 这十诫被认为是"建立"圣谕坛的关公所立。在所有因紧急事态而办的祈神会上，法师都要宣读其中一些戒条，但不用全读。当下的"十"诫或许受了传教士的影响。当然，执事法师坚称它们全都来源于己方神明。另一方面，社区中的法师十分清楚传教士和教会人士的存在。其中有些人试图劝说法师们放弃自己的职业。少数几个甚或态度有些咄咄逼人。法师们则通过把耶稣基督纳入本土信仰作为回应。基督成了玉皇大帝麾下的一名大臣。部分法师对《新约》有些粗略了解。

霍乱流行期间的祈神会中用的类似。人们也——敬拜行礼。

接着，大法师向玉皇大帝上奏。他跪在中央神龛前，手持写在黄纸上的文书，高声诵读。奏章大意如下："某年某月某地西镇人士，由弟子某某代呈，有某某需求，故请天帝派遣神明降临。"奏章通常比较烦冗；可能要花至少十五分钟才能读完。之后，大法师和他的副手们要在乐队伴奏下唱祝词。祝词是一首七言诗，内容如下：

> 弟子上书发宏愿，恭请某圣施垂怜。
> 日出神光遍四方，清除百罪降万福。

然后烧掉手中文书，飨神香火愈盛。

本日的主神随之降临。当法师唱诵祝词时，两个负责拿柳木笔的干事已经就绪，笔尖触碰到沙面。祝词一停，笔就开始移动。通常第一轮所写的字表明所降何神，该神用一整首七言诗宣布降临，并告知众人其头衔名号。然后，所有跪者都站起来。

登记者依次获得所问消息。过程如下：先烧一袋纸锭，袋子上写着死者的姓名和生卒年月，然后登记者跪在扶乩台上。法师在每个登记者的手掌上写一个符，写完以后令其双掌合十。稍后登记者起身，在台上的椅中落座，闭着眼触碰乩笔。乩笔开始移动。随即奏乐响起，直至降神结束。

人们认为，主神会找到死者的幽魂。神明或是让幽魂告知亲人自己的现状，或是亲自通过沙盘写字传达消息。

这些消息通常采用七言诗的形式，偶尔会多一行话。下面给出八个例子：

（1）这首诗来自一个 27 岁去世的年轻人。他的妻子来请求喻示。

前世命定阳寿短，孤鸟痛别丛中伴。
来世投生业已定，再行端良证清白。

（2）这首诗来自一位 70 岁左右去世的老妪。她的儿子（年约 40 岁）求得此诗。

寿终乃是真幸事，皆为前世积德故。
更幸趁此投生去，只待十殿别阎君。

（3）这首诗所涉及的死者年龄不详。他的姐姐来请求喻示。他的魂魄没有出现在本次降神活动中，神灵代为回答了询问。

八方神明喜此君，惩罚苦刑不加身。
逝后诵经登客室，静待机缘升九天。

（4）这首诗关于一个 25 岁的死者，是他的妹妹所得乩文。

此世已多行不义，执迷不悟更无恕。
若积善事罪可释，投胎成善势难成。

（5）这首诗中的女性享寿不详。她的儿子来请求喻示。

贤良淑德守妇道，魂归彼世无罪罚。

众人过堂她过节，归于高天誉满身。

在这首诗后，乩笔继续移动，写了下面这句话：

她已经去往西方极乐世界。

（6）这首诗的死者是一名年轻妇女，享年未详。她的弟弟来请求喻示。

此世未能守妇道，幸为虔忍减罪愆。
命定召回阴曹府，善果抵过待光明。

（7）这首诗中的女性中年而逝。她的丈夫来请求喻示。

两世未能守妇诚，罪恶显于孽镜台。
慈悲将军半其罚，须留地狱时日多。

（8）这首诗的年轻人22岁死于保山（距西镇约200英里），他曾是一名士兵。他的弟弟来请求喻示。

恶债累累终此生，仇人喜见刑加身。
诵经已致轻其罪，此世苦难亦有功。

所有乩文都记录在一本书中，保存在坛里。每个登记者都能带走一份其所求乩文的副本。在降神会快结束时，当所有人都收到自己所求的乩训后，主神还会给一个"总示"，训示社区内所有人来年应该如何行事。

应众人请求，在其他日子（一般是每月初一和十五）还会在同一坛里举行规模较小但本质相似的降神会。

有人可能会问，参与这类降神会的是哪些人，他们又是否把这些乩文当真。我们无法分析所有参与者的社会地位，但有不少事实例证。如前所述，超过半数的参与者是女性。总体上，女性毫无疑问比男性更严肃地对待此事。大部分女性是文盲，但誊录生会向她们详细解释所得的一切信息。我曾亲眼看见妇人们入神地咀嚼乩文的每一个字，许多时候她们泪流不止。降神会的整体氛围与其他庙宇活动明显不同：其他庙宇活动既有严肃的诵经祈祷，也有松快的节日气氛；而降神会期间绝无喜庆，一片肃穆。她们一回到家就拿出乩文，向识字的家人验证方才在坛里听到的解读。

最有趣的是，即使有不利证据在前，人们对降神之事仍深信不疑。1943 年，一名 30 岁左右的女性曾是圣谕坛的一员。一年前，她的丈夫去世了。男人生前是个卖杂货的小贩，死时不到 35 岁。她在那年降神会得知，她的丈夫已经通过诵经得以超度并重新投胎。过了些时候，这名妇人去了西镇以北 10 英里的地方参加了另一场降神会，问了同样的问题。这次她得到的乩文是她的丈夫还得等待三年才有机会投胎转世。

这名妇人是文盲，这些信息都是别人解释给她的。当她被问到如何看待这两则明显互相矛盾的乩文时，她并不理会，只是说："两个地方做的法事不同嘛，没有啥好讲的。"

男性成员的立场同样有趣。一些男性承认他们是因为相信降神之事所以才参加降神会。其中有些人说，"尽管这些东西被贬为迷信，但它们还是很**灵的**"。许多西镇人都熟悉这句俗语，

"迷信迷信，不得不信"（意为尽管迷信，但人们情不自禁地要信它们）。这可能是面对文化人攻讦时的一种回答。下面这个典型案例可以支持这一观点。

1942 年，富户 Yi 家的儿子们在老父亲死后不久就与之进行了沟通。乩文称如果儿子们能更加乐善好施，尤其是为死去的穷人提供棺材，那么他们的老父亲的灵魂就能升天。Yi 家的儿子们立刻执行了这个指示并持续了一段时间。

许多男性解释称，他们参加降神会是应女性亲属的请求。例如，1943 年捐了一大笔钱的 L. K. Y.，他是军委会下属某团的副团长，曾留学日本。但所有的报告人都说，他捐钱仅仅是因为他母亲临终前的要求。另一个名为 W. F. C. 的年轻男子，他是我的报告人之一，有在缅甸做生意的经验，他向我承认自己曾是乐队的一名乐师，别无其他。几天后，我向两位年轻的执事法师中的一位提起这个人，他随即说道，"W. F. C. 先生曾经是一名掌管乩具的干事"。但当我向 W. F. C. 求证这事，他却断然否认。否认的原因可能是，他怀疑我虽然有兴趣了解降神会和其他一些本地宗教习俗，但我其实打心眼里不赞成它们。过了些日子，当我们互相更熟识后，W. F. C. 承认他的确曾经当过掌管乩具的干事。他又立刻补充说，"我去是因为我的继母要我去的"。

然而许多事实表明，男性其实并非真的对此缺乏兴趣。1943 年降神会的捐献记录显示，男性的名字占了总数的五分之四。1929 年降神会的捐献者列表收录于《醒世金钟》中，也确证了这个比例。这两份记录中，金额较大的单笔捐献由男性捐出，女性捐献的数额则小得多。有人可能会反驳说，男性名字占捐款记录的主要部分是因为他们手握家庭财政大权。但这忽略了西镇大部分女性都会工作赚钱，有自己的收入。唯一有些道理的解释是，在父系社会中，许多事情是用一家之主的名义去做的，且如第五章所示，一家之主一般是男性。表面上，这足以解释为何女性公开捐赠的数额较小：这些捐赠背后的家庭可能是不完整的，因而难免过得紧巴巴。

上述回答颇为似是而非，因为如果男性确实对降神会不感兴趣，或者真的反对降神会，他们原不必积极参与其中，甚至可以想办法阻止自己的妻子或母亲参加这类活动。至少，他们本可以不让自己的名字作为这类活动的活跃支持者而公之于众。既然男性没有以任何形式反对，且他们中许多人实际上积极参与了降神会，那么似乎可以自然而然地得出结论——尽管男性对降神会不像女性那么热衷，他们也绝不是像某些人声称的那样漠不关心。

上　坟

我们接下来讨论的习俗旨在安慰死者。每家每户一年之中至少要上坟祭扫一次，时间约在农历三月的清明节。清明节是每年公历的 4 月 5 日[1]，农历在三月十日到二十日之间。上坟祭扫不一定必须在清明节当天，只要在农历三月进行即可。西镇几乎所有的墓地都背靠苍山，面临洱海。在这段时间里，每逢天高气爽的日子，去往苍山的路上行人、车马川流不息。行人有男有女，还有孩童，有的挎着竹篮，有的空手款步；有的马驮货，有的马载人；若论所携器具，则有锅有盘，不一而足。上

1　原文如此，实则清明节一般在每年公历的 4 月 5 日前后。——编者注

坟的人们一般早晨从镇里出发，傍晚才回来。

如果家中墓园分布在两处或更多地方，那去各处扫墓就要花上不止一天的时间。

祭扫的目的在于为死者提供食物、钱财、衣服，同时也是和死者聚会。后者尤其可比于生者之间的社交拜访。依照习俗，家族、宗族中的晚辈要向长辈问安或表达敬意。

我在1942年参与的一次上坟活动最能说明这一习俗。这个家庭的主人是一位名为 Y. C. Y. 的商人。全家一同去上坟——Y. C. Y.，他的妻子、小妾、两个儿子（一个12岁，一个14岁）、两个女儿（一个11岁，一个15岁），以及四个侄女（分别是7、16、17、19岁）。侄女们的母亲几年前去世了。她们的父亲和小妾一起生活在昆明，从不过问这些孩子。同行的还有两名女性姻亲（约莫25岁）以及两名正巧住在他们家的男性远房宗亲。此外还雇请了三名男性姻亲同去当帮工。他们步行上山，另有一头骡子驮着食物、锅碗瓢盆、毯子、火引子以及一些祭扫需要的物品。

这家同时拥有两块墓地，他们当天去的是其中较新的一块。这块墓地坐落在苍山山脉的某次峰上，接近峰顶处。从西镇到该峰山脚下大约有12里（约4英里）路程；从山脚到墓地还要攀爬长达5里的险路。山坡有些地方十分湿滑，满是腐叶、松散的土块和砾石。除了两个女儿和四个侄女，其他女性都裹了脚。其中一位女性姻亲怀有六个月的身孕。行进队伍分成了三组：我和家主、两名男性宗亲走在前面，三名帮工牵着骡子走在中间，最后是女眷。令人惊奇的是，尽管我们一路比她们走得快一些，走到目的地时我已经精疲力竭，这些女人反倒看起来愈发神采奕奕。

　　到达墓地后，家主取出毯子铺在空地上。我和他以及两名宗亲坐在毯子上，三名帮工和女眷们开始干活。她们先在两座主坟前仔细地摆上一路采来的野花。每块墓碑上都放着一顶大草帽，未婚的姑娘大多都会在这类场合戴上这种大草帽。差不多同时，帮工们烧着了火，他们做的是挑水捡柴的苦力活。女眷们先煮些茶，由两个小男孩给坐在毯子上的人侍茶。接着，她们开始剥豆、切肉、洗菜。

　　这块墓地不大，但按照西镇的标准各方面俱佳。墓园在山坡上开辟出三级阶地。每一级阶地的两侧都各栽着一棵松树，最低一级阶地的两侧竖着两根雕花石柱，标示着墓园的入口。阶地下方的山坡上树木茂密繁盛。两旁山峰高耸，几乎相连，只留下中间一条细长的峡谷。自墓地望去，山峰耸峙为屏，山坳隘口为门。站在墓前，可从峡谷口窥见洱海之一隅。

　　在女眷们做饭、帮工们砍柴的时候，我们几个休息足了，便四处看看这座山上其他几块墓地。各块墓地前均有身影攘攘，炊烟袅袅。有些人家刚刚抵达；有些已经开始吃饭了。我们去了一块占地数百亩[1]的墓园，几百人群聚在自己世系亲属的墓茔旁；我们还拜访了一块堆土而成的简陋墓地，只有寥寥几个人前来上坟。我们由此讨论起各式墓地的短长。我们还遇到一群人刚坐下来准备享用一天的大餐，于是应邀入席用了一些酒菜。

　　回到 Y 家的墓地时，饭菜已经准备好了。所有饭菜和温好的酒都整整齐齐地摆在两座主坟前，坟中安葬的是 Y 家主人的父母。家主依次在两座坟前上香、祭酒、敬拜，然后在每座坟前磕头九下。当他磕头时，有人在旁焚烧纸钱。其他男性也依

1　1 英亩合 6.6 亩。（编者按：原书如此，今 1 英亩合 6.0 市亩。）

次祭拜。我作为客人，按照习俗敬了香，但当我准备磕头时，家主拦下我，让我不必如此多礼。男性拜完之后，女性也以同样方式敬拜。所有人都轮完之后，有些供品被拿到下一级阶地的坟墓前，这个坟墓葬着家主的妻弟。接下来的祭拜仪式较为简略，只有家主及其妻子和所有女眷参与。

此时，怀孕的那位亲眷独自去祭拜 50 码[1] 外的一座小墓园。那里有两座坟，盖得很寒酸。一座葬着她母亲，另一座葬着她的一位伯母。这位年轻姑娘上了些香，斜靠着坐在母亲的墓前，痛哭了许久。后来其他女眷花了好大的功夫才劝住了她，带她离开坟茔。

完成所有祭拜后，全部人都坐下来享用大餐，男性坐在一处，女性坐在另一处。席间有酒有肉，有精心烹调的蔬菜，还有类似北方冬天吃的火锅。每个人都十分享受这顿野餐。

吃完饭，大家喝茶抽烟。到了差不多该走的时候，女眷们和帮工们就开始收拾。大约下午三点，大家开始慢悠悠地返回西镇。我们往来墓地的路上所遇到前去上坟的同路人数以百计。

上坟主要是祭扫同世系的亲人，尤其是血缘关系紧密之人。常见的祭拜对象有父母、丈夫或妻子，以及祖父母。在前文所述占地数百亩的大墓园，一些远祖的坟墓会有诸多世系的后代前来祭拜，但各自一定是自家五个、十个或者更多人一起在其亲缘关系最近的墓前吃饭。同样人们也只会在自己刚去世的近亲的墓前号哭。

Y. C. Y. 告诉我，每年农历正月十五和十月十五也可以上坟。其他报告人确认了这一点。事实上只有少数家庭会在这些日子上

1　1 码约合 0.9 米。——编者注

坟，即便去祭拜也不会像上面描述的整个家庭一起参与。Y 的夫人告诉我，他们家只有她丈夫和几个男性成员会在这两个日子上坟，部分是出于要照管墓地的原因。她说自己吃不消这路程。

祭祖节

家家户户都有一个家庭神龛。神龛置于住宅二楼西侧的正屋中。如果住宅是平房，神龛便安置在一楼。神龛仅供奉祖先的情形较少，更多时候也供奉若干广受欢迎的神明。

神龛内的祖先用一卷名册或许多牌位作为象征。名册是一大张裱好的纸，纸上写着（理论上）五服内的祖先的名字、性别和头衔。正如第二章所言，这一原则没有得到严格遵守。穷困潦倒且目不识丁的 Ch 家的名册上仅载有少数祖先，因为"旧名册已经被火烧没了，我们只记得这些了"。Y 家的名册上记载了许多五服外的祖先，因为他们"还没来得及另外再做名册"。牌位是木制的，但如果来不及，也可用纸糊的替代。

所有家庭神龛常见的三个神祇是：关公、孔子、佛陀（有时仅一个，有时更多）。第四个常见神祇是观音菩萨或送子观音。通常这些神祇都用画像来表示。此外，家庭神龛中经常还有一些神像是其家庭成员无法辨识的。不止一个家庭神龛中摆放着巨型孔子牌位以及所谓孔子画像。神龛前有供桌一张，桌上有香炉两个（一个供祖先，一个供神明），烛台两支，花瓶一两个。桌脚有两个为跪拜的人准备的蒲团。

每天都要用香炉上香，这种事通常是家中女人来做。当日清晨上香完毕即开早饭。除了婚礼、诞辰礼、分家和祭祖节的时候，日常并不供奉食物。

祭祖节是农历七月十五前后，但事实上从七月初一即开始，直至七月十六方结束。在七月的第一天，人们打扫干净安置神龛的堂屋，清理杂物，并备好以下供品：水果、蜜饯、糖果、两碗或者更多的稻秧、一盘及以上的香木、花瓶中要插上的荷花或其他供花、若干碗碟中要盛放的熟食、烛台上要点着的红蜡烛。供桌前围上新桌帷。如果牌位平常是被遮盖住的，这时要取下盖着牌位的布。供品准备以及各项安排，由家中男性或女性执事皆可。十五天内，要经常更换供品以保持新鲜。

如果家庭经济允许，许多西镇人家都会在祭祖节期间请一位或多位法师在神龛前诵读经文，举行仪式。请法师一天还是几天，取决于家中愿意为此花费的金额。法师数量越多，仪式时间越长，对死者和生者越有益。如果仅请一位法师，他就坐在供桌右侧的杌子上。他的法器包括一只木鱼、一对铙钹、数卷经书、该户完整的家谱，以及所有在世家庭成员的名字和生辰（这些信息都写在一本黄纸册页上）。仪式期间，法师除了用餐食和抽鸦片，都在持续诵经，举行相关仪式，其法事不受家中众人在神龛前的活动影响。

所有报告人都清楚法师能够沟通已故祖先：向高级神明汇报死者的名字，诵读经文超度亡者使他们能够早登西方极乐世界。至于为什么要列出所有在世家庭成员的完整名单则无人知晓。有人坚称这是为了福佑生者；有些人认为是通过向祖先展示他们的后代多么有出息从而取悦先人。

1943 年年中，一位法师上门做法事的单日报酬是：40—50元，半升¹米或半升大豆，三餐饭食，受雇期间大烟管够。1943

---

1 在西镇，1 升约 15 磅。

年同时期，该地劳动者平均日薪为 25 元，不包餐食。

七月初一至七月十三，出嫁的女子要回一次娘家，随身带着以下礼物：几大块甜糕、两三磅猪肉、梨或其他水果。如果过去十二个月内娘家有人去世，她还要为之带去好几包纸锭。娘家会特意准备饭菜招待她。女子把礼物给她的父母，在家庭神龛前行祭拜礼如仪，且按规矩应该待上三天。但实际上，多数已婚妇女不得不提前离开，因为要回到夫家照管家务。如果出嫁的女子已过世，她的儿媳会代表她回娘家。如果儿媳妇也去世了，就由孙媳妇替她回娘家。报告人认为这种仪式性关系（ceremonial relationship）会一直持续几代人。每个已婚妇女必须在七月十四日之前回到夫家参加祭祖节当日的隆重仪式。

如果距当年农历七月不到一年的时间内家中有人去世，家里就会为其专门准备供品并单独举行仪式，包括提前将一定数量的纸锭装入纸袋中，封好口，上书收包人及其直系后代的名字，然后烧掉。这个仪式常被称为"烧新包"。

如果家中近十二个月内都没有治丧，便在七月十四下午祭祖。根据家庭习惯祭祖可以采取两种方式中的任一种。家族各房成员可以一起祭拜，把供品、酒和香烛凑做一堆，或者分开各自准备供品祭祀。祭祖的供品碗碟都是精心准备的，其中鸡鸭鱼肉和蔬菜一应俱全。每个碗碟都饰以花卉图案。如果各家一起祭祖，会提前把所有菜碟以及至少六碗米、六杯酒和六双筷子都摆在供桌上。家族成员一一磕头跪拜。通常男性优先，然后是妇女小孩。但这一规则未经严格遵守。有时候孩子会先于大人行礼祭拜。这时根本闹不清谁磕头了、谁没有磕头。大人们让小孩和旁人去磕头；他们也互相问"你磕头了吗？"

如果各房分别举行仪式，便各自用供品托盘祭祀。第一个托盘上摆六碗或八碗的鸡、肉、鱼等菜肴，第二个托盘上摆两碗米饭、两双筷子和两杯酒。这些托盘由各房的一两名男性成员端到神龛前，其他成员紧随其后。他们按照长幼男女的顺序一一磕头，通常磕头数似乎是四个，但经常出现个人为表敬意磕五个、九个甚至更多的情况。家族各房可能几乎同时端着托盘抵达堂屋，或者一房的代表在另一房完成仪式之前到。事实上，可能整个西二层都人头攒动，喧闹不已。

祭祖仪式现场的氛围似乎与族中或家中的男性成员是否为文人高度相关。书香门第的祭祀氛围比白丁之家的更为严肃。但西镇的所有祭祀场合都不如1937年以前我在中国北方所观察到的家庭祭祀来得肃穆。仅就西镇而言，祭祖的氛围也远没有瘟疫期间的祈神会庄敬。大人互相玩笑，不时出错。小孩玩耍聊天，十分欢乐。仅在少数祭祀场合下，家主才会穿上正式服装。

家庭祭台上的供奉和敬拜结束后，台上的碗碟就被族中某房或各房一名男性成员带到宗祠。他把碗碟放在主供桌上简单供奉后，再磕上几个头。之后，他再把供品带回家中给所有成员一起享用。如果供品不够大家吃，还会再多做些饭菜直至人人可酒足饭饱。家中的男女成员同桌共食。

祭祖节这天，家宅的很多地方都会被插上香：所有大门的门楣、墙壁的特定位置，以及院子的各个角落。在家庭祭台进行仪式时，人们实际上同等地敬拜了祖先和祖先旁边的神明。有的把供品放在祖先和神明之间；有的分别在祖先和神明前摆上同样的供品。一些家庭同时给列祖列宗和各路神明磕头祭拜；而在另一些家庭中，所有家庭成员会跪拜两次，一次拜祖先，一次拜神明。

饭后，烧包仪式就开始了。每个包内有若干纸锭，包上写着某位男性祖先及其妻子的名字，再加上烧包的后嗣的名字、烧包的日期，以及恳求祖先收包的简短文字。

依照习俗，应当为每个同一世系的直接（direct）男性祖先（无论他的牌位是否在家庭神龛中）及其妻室烧一个包。"直接"一词指的是送包人已故家庭成员中的直系祖先，无论相隔几代。换言之，他们是父亲、父亲的父亲、父亲的父亲的父亲等，而不包括父亲的兄弟、父亲的父亲的兄弟等。多数家庭存有一份名单或一本簿册，上面写有在祭祖节中重要的祖先的名字。如果一代堂亲和二代堂亲同宅共居，他们会先为自己的父母和祖父母烧包，直至众人共同的祖先。新近亡故的祖先所得包的数量至少翻倍，尺寸可能更大，装饰也可能更精致。每个包都和一些纸衣服一起焚烧。

在十分富庶的人家，家庭祭台前的祭拜仪式和烧包仪式可能伴有奏乐，但这并不常见。装有灰烬、冒着火星的烧金桶被放在民居西侧屋外的院子中央。这时，家中的一名年轻男性成员跪在烧金桶旁的蒲团上，面朝西屋。其余家庭成员围着他，或坐或站。所有的包都堆放在跪者身旁。他首先拿出给最远的直系祖先的包，缓声朗读包上所写文字，然后将其投入火中。同时其他家人往火里扔进一两套纸衣服。每个包都重复该流程，多数时候要一两个小时才能完成整个烧包仪式。所有的包都烧完之后，灰烬被倒入一条溪流，最终汇入洱海。

家庭仪式甫一结束——有时还未结束，宗祠的祭祀就开始了。没有宗祠的家庭略过此仪式；有宗祠的家庭则必须得参加。虽然宗祠祭祀比家庭祭台的祭拜更正式，但其正式程度视各宗族而异。我在1942年和1943年观察了五座宗祠的祭祀，此外几个报告人向我描述了另外四座宗祠的仪式。其中Yi氏宗祠举行的仪式显得最为隆重正式。

1943 年，Yi 宗族的每户家庭各派出了一至两名男性成员，总共约 140 人。每年事先从年长且活跃的宗族成员中选出两名男性担任祭祀仪式的出纳和总管。在族中年轻后生的帮助下，他们在祭祖节前将宗祠清扫、祭台布置都安排妥当，并备好厨房待用。从宗族成员中挑出自愿担任厨师者组成一队，他们将制作大量特定菜肴作为供品。宗祠内中央祭台前的供桌上燃着一对大蜡烛。两侧祭台前的桌案上放着香炉，但没有烛台。每个香炉里都密密麻麻插着点燃的香。

吹奏的和打鼓的乐师一到，祭仪就开始了。所有在场男性，包括要下厨或有其他任务的人，面朝大厅的主祭坛站成六七排，每排约 20 人。排位先后依辈分和年龄而定，与财富、权力或学识无关。辈高年长者排前，随后是同辈年幼者，再接着是下一代的年长者。一名宗族成员立于一侧主持祭仪，安排大家依序站好后，再命众人跪下，主祭者也跪下，开始大声宣读写在黄纸上的表文。文章内容是关于宗族及其繁盛的概况。上面还写着该宗族中所有在世男性后嗣的名字。名字的先后顺序依照辈分和年龄排列，和站位一样。宣读完毕后，焚烧表文。同时，主祭者唱礼，跪着的众人按口令磕头：一叩首，再叩首，三叩首，四叩首。然后他大喊"升"，并宣布祭仪结束。

祭仪上除了主祭者宣读表文时，其他时候均有乐师奏乐。祭仪一完成，就把五个包烧给祖先。其中一个有特殊装饰的大包是烧给"元祖"（始祖）的。其他四个包烧给"历代祖先"。五个包都以"全体 Y 族后嗣"的名义敬献。诸事完结之后，众人分桌坐下，饱餐一顿。座位次序亦基本按照辈分和年龄而定。

与家庭祭台前的不拘礼节形成鲜明对比，宗祠祭仪通常要求人们穿着最好的服装，多数长者会在长袍外罩上礼仪性的短褂。整个仪式过程气氛严肃，没有人嬉笑玩闹或随意走动喧哗。

但同一天在 T 族宗祠举行的祭仪就没有如此肃然有序。要知道 T 族可是镇上首富之一，因此祭仪氛围的差异无法用经济基础来解释。T 族宗祠的祭仪也伴有奏乐，宣读完表文后也是将其焚烧，然后宗族成员两人一组来到中央祭台前跪拜磕头。既没有规定谁同谁一组，也没有按照辈分高低或年龄大小祭拜。最令气氛放松的莫过于正厅外两侧走廊上的麻将桌，每侧各有一张，桌上战况热火朝天。两张麻将桌被围得水泄不通，人声鼎沸。赌客中有些宗族的重要成员，直到一圈打完才去祭拜。应当指出的是，T 族宗祠的祭祀方式并不典型。

对其他祠堂祭祖节的观察和资料研究表明，它们的氛围都与 T 族不同。例如 Ch 族和 Y 族举办祭仪的祠堂较小，祭仪上也没有音乐伴奏，但非常庄严。对 T 族宗祠的上述反常现象的一个可能解释是，宗祠内当时在场的多数是年轻人，族中德高望重的长辈都不在场。

祭祀活动的厨师也可以雇请专业人员，而非像 Yi 族那样由族人自愿担任。如果厨师由自愿者担任，通常妇女们会前来帮厨。在 Ch 族宗祠，女性成员可以进入大厅与族内其他成员交谈。她们还负责取了供桌上的碗碟给大厅外面的族人布菜，后者落座在厅外平台摆着的两条长凳上。但这些女人并不会入席吃喝。

一般筹措宗祠祭仪费用有三种方式：（1）"份子钱"（share money），即族中每户分摊同等金额；（2）族产的收入（若有族产）；（3）之前宗族祭祀所余资金（若有盈余）。此类盈余通常会带利出借给一个或多个族中成员，所还的本钱及利息用于支付下一次宗祠祭仪费用。如果有赤字，通常由族中的富裕成员填补。在某个案例中"份子钱"的数额甚至没有事先商定，等到仪式结束，在场的宗族成员再来以最友好的方式商议此事。

根据花费金额，多数成员主张每户为祭仪出 30 元。但这年负责祭仪的人提出了异议，他强调每户应捐 10 元，最多 15 元，剩余欠额由他补足。他是族中首富。最后，多数成员交了 20 元给临时出纳。

大宗族在不久之后会在宗祠墙上张贴收支明细。小宗族倾向于简易处理，省去此类麻烦。

公共祭祀

在七月初一至十五之间，所有家庭都在祭台供奉祖先，也有一些公共祭祀。基于社区的地域范围，这些祭祀的规模有大有小。1943 年至少举行了 6 场公共祭祀，由雇请的法师组织和做法事。最隆重的祈神会在西镇最重要的寺庙九坛神庙举行。仪式从七月六日至九日持续 4 天，由 98 家店铺及商号、140 户人家，再加上社区内所有的杰出个人共同捐资举办。

祈神会有两个主要目的：一方面，它们带来的救赎将遍及镇民众祖之灵，使他们可以免受生前罪行的恶果；另一方面，祭祀也将超度并抚慰那些在镇上徘徊、没有后代的孤魂野鬼，让鬼魂离开此地，避免给这里的生者招致潜在的灾祸。

1943 年公共祭祀的前几天，镇上的长者们志愿组成了一个委员会。他们依次推举出一大批表现出色的干事，与历届霍乱祈神会[1]的负责人班子大体重合。祭祀之前，这个团体到处张贴大幅海报，上面写着"中元盛会：敬祈诚斋，切戒秽污"（书以

---

1 F. L. K. Hsu, *Magic and Science in Western Yunnan*, p. 11.

大字）。他们还建议近期有丧的人家，以及希望死后获得超度的人，应在七月七日带齐详细资料前去庙中申请。登记的程序与沟通死者的降神会类似。任何捐资的家户，无论数额多小，都有权登记在册，如是这般登记入册的不仅可以是最近去世的人，还可以是好几代以前的祖先。

子孙将祖先登记后便没有其他事体了；法师代办一切事务。尽管整个仪式颇为辛劳，持续四天四夜，其组成要素实则较为简单。第一天主要祈求神明大发慈悲。当日，众法师及其助手专程去请神，他们列队前往镇西山上的庙宇。一口大钟也暂时被转移到镇上举办祈神会的寺庙内。类似的请神场面还发生在某座本主庙里。第二天和第三天，法师们持续不断地诵经。同时还供奉大量食物和纸钱。写着各家各户已故家庭成员名字的纸张先是放在祭坛上，然后烧掉。最后一天是"送神"。同一批法师祭拜山上庙宇和当地本主庙，他们还会祭拜途中遇到的所有庙宇和神像。整个过程锣鼓喧天、管弦齐鸣。

公共祭祀敬奉的神明包括第六章列举的大部分神祇。背后的理念是祈求的神明越多，被超度的机会越大。当然，被祈求的诸神中地位最高的是地府阎王。要记得，地府决定了多数亡者魂灵的命运，亡灵根据功德可能得享尊荣前往西天、被授予官职、受刑、被囚于地狱，或永世不得超生。当年祈神会登记了大量祖先的名字，这表明公共祭祀在西镇人观念中具有重要地位。

三月祭扫和七月祭祖是所有后代必须为祖先履行的义务。后人必须慰藉死者：向他们提供食物、衣物和钱财，表达尊敬，陪伴他们。然而，在孤魂饿鬼面前展示食物和慰藉却不施予他们分毫是很危险的。这会引来那些身无分文、四处游荡的游魂野鬼。这些来路不明且心怀不满的游魂可能导致两方面的困扰：

他们要么使生者身患疾病，房屋走水；要么干扰安息的灵魂。可以说，这些孤魂野鬼是潜藏在神灵世界的小偷盗贼。

对付这些游魂的最重要的两个方式是：撒米粥（Sa pai jer）仪式和每年农历七月的大本曲会。

撒米粥的字面意思为"施粥"。这个仪式是公共祭祀或驱疫仪式的一部分，也是宗祠祭仪的一部分。三个实例中的施粥仪式均相同。不同之处在于第三个例子中它是从特定的某氏宗祠开始，而其他两个例子中它则始于承办祈神会的寺庙。所有施粥仪式主要由镇上的年轻人进行。七月十五的晚上，凡有宗祠的宗族都要举行施粥仪式。

1943 年，祈神会即将结束的傍晚，寺庙院子里煮好了几大锅的粥。一群自告奋勇的男青年集结起来。其中两人用木棍抬着一锅粥，第三个人拿着长木勺，第四个人提着一篮纸钱和纸衣服，第五个人提着一篮香，另外两人拿着火把，最后几个人敲锣击鼓打钹，缀在队尾。

从寺庙大门口开始，拿着木勺的人把粥撒在地上。接着，有一个人把若干纸钱和一套纸衣服（包括一件外套和一条裤子）放在粥旁。另一个人把几支点着的香放在用火把引燃的纸衣服上。之后，他们中一人高喊："一吊钱、一件外套、一条裤子、一勺粥。不许多拿！"从寺庙大门到标志着镇西边界的大树底下（所有殡葬队伍按礼数要求亦送到这里为止），每隔六七步，队伍就会停下，完整地重复一遍前述仪式。路程约有四分之三英里，时间约需两个小时。粥、纸衣服、香、纸钱都是为孤魂野鬼准备的，以确保他们在仪式后离开西镇。

撒米粥仪式中最有意思的做法，揭示了西镇人对待灵魂的重要态度。目前我们已经知道除了高级神祇之外还有两类灵魂：

一是祖先亲属，二是孤魂野鬼以及不相干的幽魂。人们对待前者无疑堪称亲近友好，对待后者则模棱两可，因为这些无关的游魂最多与自己相安无事，但如果受到冒犯或者饥寒交迫就会十分危险。

大本曲会可以在整个七月的任一天或几天内举行。通常由一个或多个富裕人家雇请唱曲人。唱曲人在家主院子里或院子外唱本说曲，表演持续一到三天不等。演出对所有人开放，无论男女长幼。正常情况下，每年七月，镇上会包下五到六个男艺人来唱大本子。唱曲人通常来自远方的村落，尽管也有些西镇人擅长唱大本曲，但往往只是业余票友。

1943 年，我观看了几场大本曲会。其中一场在 Ch 家的院子里举行。唱曲人和他的乐师助手坐在一方临时戏台上，观众们则坐在条凳或杌子上。艺人所讲的故事很长，一部分用韵词唱，一部分用散体说。唱韵词时有三弦伴奏。一本持续三个多小时，不舍昼夜。到了夜里，煤油灯照亮了听曲的人群。

其他大本曲安排类似。四方街的一位唱曲人吸引来的人群最为庞大，他和乐师的薪酬由全镇人筹资支付。他们连唱三天三夜，一共唱了六场。

有些大本曲故事在中国各地广为流行，有些则为滇西所特有。其中一个家喻户晓的传说是梁山伯与祝英台的故事。这是个和《罗密欧与朱丽叶》极为相似的爱情故事，讲述了一对年轻恋人姻缘错会，双双身亡，但最后永世不分离。至于本地故事，有一个讲述了一名年轻人由于随意挥霍父母的遗产而至于潦倒之境，不得不长途跋涉前去投靠高中状元的从兄。后来，这名年轻人改过自新，从此兴旺发达。

显然这些大本曲为所有西镇人提供了极大乐趣，但它们的主要功能仍是安抚游魂野鬼，使其于人无害。报告人们对这一目的如何得到实现有不同看法。一些报告人认为，大本曲多关于灵魂转世，这些故事能够超度那些不幸的灵魂。大部分人认为大本曲的主题以忠孝贞义为主，能够安抚那些不满的鬼魂，使他们心满意足，无灾无祸地离开西镇。[1] 一个报告人因而说："有些人得了好死；有些人不得善终。他们觉得自己死得冤枉，就会一心想要报复。这些故事会让他们的灵魂看见光明，或许能成功说服他们心甘情愿离开。"

1　极少数西镇人坚称这些故事仅仅是为了娱乐大众。

第八章

祖先之道

无论正式与否，教育都是所有团体维持其社会延续性（social continuity）的方式。教育或可着眼未来，基于年轻人自身的实践和发展；或可沿袭传统，按照老一辈的形象塑造年轻人。

两极之间尚有许多层明暗过渡，但西镇的教育几乎完全遵从祖先传统。过去是现在的模板，两者共同成为未来的范例。正如我们所见，老者和少者之间的纽带并没有因死亡而断裂。相反，祭祀死者和沟通死者的仪式使之长存。此外，祖先不仅得到祭拜，而且被视为年轻一代社会化（socialization）的来源和基础。在西镇人的观念中，无论任何时代，家庭都是既往世代的延续体和子孙后代的塑造者，后者的生活方式与祖先之期望别无二致。人们谈到祖先时不能不以某种方式论及其子孙后代，说到家族的未来成员时也不能不时刻铭记其来源或起源。

分娩和育儿

孕妇必须遵守各种规定和禁忌，以免对胎儿造成影响。孕妇绝不能对任何人生气或与之发生争执。如果这么做，她生下的孩子就会是坏脾气。她也不应参与需搬抬重物或从高处取物的劳作。她不可看庙里的某些神像，尤其是牛头马面。她也不能观看日食月食，或在此期间睡觉。违反这一禁忌会使婴儿天生兔唇。

如果妇女怀孕期间保持心情愉快，不争不吵，婴儿就会性格温和又聪慧。

通常，孕妇给未出生的婴儿取名时会咨询算命先生。这是孩子在家的"小名"。取小名能确保新生婴儿免受疾病和邪祟（evil spirit）的侵扰。

分娩过程由当地产婆协助，她们对消毒灭菌一无所知。西镇有很多产婆。虽然中等收入家庭都能负担得起现代医院的诊疗费用，但她们并不都去医院生孩子。人们对于把家里的女人送到公立机构有强烈偏见，尤其是在生孩子这样的关键时刻。

难产是由对家中逝者或生者怀有恶意的鬼魂引起的。在这种情况下，人们会请有通灵眼的巫觋到家里检查鬼魂的性质。现今给西镇人带来灾祸的鬼魂主要来自镇上的五个地方（如第一章地图所示）。约二十年前，一群组织严密的土匪从邓川南下，盘踞在西镇。他们肆意作乱，直至被一支强大的政府军剿灭。多数土匪在这五个地方被处死。从那以后，他们的鬼魂就在行刑地附近徘徊。这二十年，众巫觋常常把其中某处指认为被委托事件中灾祸的根源。他们经常推断女人怀孕期间经过了其中一个地方，不知怎的冒犯了土匪的鬼魂。受冒犯的鬼魂尾随她回到家中，在孩子出生之际，鬼魂试图赶走正主的灵魂以使自身作为她儿子出生。二者争斗导致难产。

如是确诊后，孕妇的婆婆和其他几名亲戚就会赶到指定地点，举行禳解仪式（a rite of propitiation）。仪式包括祈祷和供奉。年长妇女带五双草鞋、一把或几把香、若干纸钱和纸衣以及至少三样食物。她们把五双草鞋排成一圈，放在指定地点，然后在圈内点上香，烧掉纸钱、纸衣。圈外则摆上食物。磕头和祈祷（以劝说口吻恳求鬼魂离开之类）后，妇女们便聚在一起享用供品，有些食物会被扔进烧着草鞋的火中。如果碰巧有路人愿意吃几口，妇女们也极为欢迎。这些女人说，若是路人分走食物，鬼魂会更高兴。

孩子出生数天后，会举办"做三朝"仪式。三朝意为"三天"（孩子出生后），但此仪式可能延迟许久才举办。做三朝在富裕家庭是件大事，需准备多日。通常只有生头胎时才做朝。其他孩子出生虽然也会有仪式庆贺，但没有如此煞费苦心。庆生仪式与新生儿性别无关，虽然男婴的可能更为隆重。

诞辰礼有其仪式性和社会性两重维度。仪式性方面如下：供奉祖先、灶神和家庭神龛中的所有神明，以及（最重要的）本主神。此举部分是为表达感恩之情，部分是为汇报新成员的到来。供奉祖先和灶神的仪式较为简单，除了供桌上的食物种类更多，和每月初一十五的供奉并无他异。

本主神的供奉较为隆重。通常由新生儿的祖母操办。如果祖母已故，则由其他女性亲属操持。她会准备好食物和供香，一般由家中男童女童陪同去本主庙。所带供品包括干那（一种油炸米糕，薄片状，颜色各异，常作供品）、一个面糕、一个腌猪头、一个鸡蛋、一个鹅蛋、一把菜刀、酒水和茶叶若干。她带着家中幼童到达本主庙，把大部分供品放在中央神龛前，然后跪拜礼敬庙里所有的男女神仙。

年长妇人从中央神龛开始磕头，然后是两侧神龛，最后是庙里的小祭坛以及两根滚龙柱。她分别向前三个神龛的每位神明叩头约五十次，再向小祭坛上的其他每位神明和柱上诸龙各叩头约八九次。磕完中央神龛后，她把一些供品放到一个托盘上，相继摆在随后叩拜的神龛前，并向每个神龛烧些许纸钱。烧纸钱的同时磕头祭拜。

诞辰礼的社会性维度和婚礼的一样，但规模较小。事实上所有宾客都是女性，多为近亲。新手母亲的家庭备受瞩目。所有宾客都要带贺礼：若干红鸡蛋、一些染成红色的核桃、婴儿穿戴的衣裳饰物，比如说一副银锁。主人家会尽其所能宴请客人（有时多达 150—200 人），每个人离席回家时都会收到一个表示吉庆的红鸡蛋。

婴儿满月后，人们会为他做一双新鞋。下一个重要仪式是婴儿出生后百天。有些家庭的百日宴比做三朝更隆重，但总的来说，需履行的社会性和仪式性要求是一样的。

孩子周岁生日时，人们会煮一个鸡蛋给他吃。当天要在家庭神龛进行供奉，家中饭菜也比往日丰富。

坐月子的妇女不能进出家中正门，因为她"不洁净"的身体会冒犯守门神。如果她不得不出入大门，必须戴帽子。

在大约 30 天的月子期间，通常由婆婆或其他亲戚来给产妇当帮手，她自己的母亲很少来此搭手。第一个月过后，婴儿便由母亲照顾，如果她过于忙碌以至无法独立育儿，此时婆婆或家中其他人会帮忙照顾婴儿起居。

照例，所有的婴儿都是母乳喂养。如果母亲不幸产后奶水不足，就只好用粥或牛奶替代。当地人认为，不是母乳哺育的婴儿难以存活。婴儿一哭，母亲便给他喂奶；一睡着就停下，即使婴儿尚在进食。

换洗尿布完全是女人之事，主要由母亲负责。每次换尿布的时候，都要用水洗净婴儿的屁股。除此之外，人们并没有定期给婴儿洗澡的概念。母亲会尽可能地勤换尿布。如果她忙得抽不开身，孩子就只好几个小时都湿着。自婴儿两三个月大，就很少被单独留下。如果母亲没有陪着他，家中其他成员（一个女孩或一位老妇，偶尔也可能是一名男性）就会抱着幼儿，给他喂食，抚触他，逗他笑。当母亲去市场时，常把婴儿牢牢绑在身上，婴儿的肚子贴在她背部。这样就可以背着孩子走很远。如果是男孩，会这样一直背到两三岁。女孩背得少些。

婴儿生病和难产一样，都是由对已故或在世的家庭成员怀有恶意的邪祟导致。发现孩子生病后人们会求医问药，但毫无疑问，首先要做的是安抚鬼魂或求助巫觋。病儿往往整夜啼哭，这被解读为孩子丢了魂。喊魂的标准疗法如下：孩子的母亲、祖母或姑母拿一个盛满生米的碗，在其中央立一个鸡蛋。将米碗放到家门外的街角。地上插两炷香，烧些纸钱，按照仪式供奉生米和鸡蛋。磕头后，连续呼唤孩子的名字，然后这位年长的妇人再端着米碗和鸡蛋走回家。

婴儿病情严重的情况下，家人会向巫觋求助。他将指认前文提到的某个处刑地点作为灾祸根源。人们便立刻举行和难产时一样的禳解仪式。

为使婴儿恢复健康，人们会想尽一切方法。当然，为男婴花费的心力比为女婴花费的多得多。[1]

如果婴儿不满周岁早夭，家人不会举行葬礼，而是简单地用草席裹住尸体，抬出屋子，埋在镇外的荒郊野岭。野狗会将他挖出来吃掉。据说，富裕人家会用棺木装殓不满周岁夭折的

1　关于西镇人对疾病的态度及其治疗方式的更多讨论，读者可参考 F. L. K. Hsu, *Magic and Science in Western Yunnan*, Institute of Pacific Relations, 1943。

幼儿。然而，关于这一点并没有严格规定，似乎取决于家庭的经济条件。

如果不止一个孩子相继夭折，处理尸体的方式将与上述不同，尤其是一个家庭几年内连续有两三个孩子夭折时。人们会用鞋子拍打第二个夭折孩子的脸，把他的遗体扔进湖里而不是埋在土里。这些行为背后的观念是，这种重复死亡由偷生鬼（Tou Sa Guer）造成。这些鬼魂来来去去，作为婴儿出生在无辜的家庭，以此来勒索财物。如果把尸体扔到水里，鬼魂就无法再投胎。人们相信人的灵魂会在死后四个月转生投胎，但溺亡的人除非找个替死鬼，否则不能投生。

也可以在早夭孩子的脸上抹一点锅底黑灰，来代替用鞋子拍脸。由此产生的印记可以阻止同一个鬼魂再次进入这个家庭，因为它会被认出来。

有些家庭不是把尸体扔进水里，而是挂在树上，因为当时人们都相信尸身如果没有接触土地，其灵魂就不能转生。

不管夭亡的是男婴还是女婴，都采取此类措施。

教育的目标

在西镇，教育的首要目的是按照父母、祖父母和远祖的模式塑造年轻一代。西镇的教育无意帮助儿童在其个体人格（individual personality）中以儿童的方式成长，而仅仅是致力于让儿童做好准备，尽快承担传统为他们在成人生活中所规定的角色。

教育的目标可分为三大类：习得生计、社会适应（social adequacy）、合乎礼仪（ritual appropriateness）。在继续讨论之前，我们必须厘清两个社会范畴（social category）：富人和穷人。

正如前文所述，贫富之间的绝对分界难以确定。但在任何时候，贫富区别又显而易见。在西镇，有陶猗之家、高门大户，他们商铺众多，或真或假地宣称其当下或从前有政府关系，婚丧嫁娶奢华铺张，公共事务捐资慷慨。西镇亦有贫寒人家，穷巷陋室，勉力度日，毫无政治野心，所有场合都精打细算。这两个极端之间还有诸多层级组成的中间地带，在这里许多案例分属不清，互相之间难以区分。方便起见，我们把一端称为"富人"，另一端称为"穷人"。即使在西镇，富人也不过少数，穷人相较而言要多得多，甚至几乎占多数。

第三章已经详叙了生计活动的方方面面。可以看到，男女在生计方面并无根本差异。但尚未提及的是，贫富人家的生计活动有天壤之别。富人几乎从不下田干活。文人学士及其子嗣抱负高远。大量的西镇人从事贸易，无论贫富，他们在市场上既买也卖。中等家庭的男女都会去市场，但在地位显赫的富裕家庭，只有女性才会参与其中。例如，B. B. 妻子，有个兄弟是当地中学的校长，她家里是西镇首富之一，她经常在市场上提着一篮子大米，等待顾客前来交易。这家老人的年轻小妾也是差不多情形。当地中学的女学生曾到市场上卖布。但从未见过具有相应地位的家庭中的男性到市场售卖商品。

从商铺和大商号对年轻人的培养也可以看到上述分别。小商铺老板的儿子会从底层开始学习做生意。他们想要生存必须得像父母一样努力工作。然而，对大富之家的儿子来说，情况全然不同。首先，如果他们在外工作，哪怕是在自家商号，也会被认为是对父母社会地位的侮辱，更不必说独自在其他企业当学徒。更常见的情况是，男孩子们心不在焉地去上学或以其他方式消磨时间。如果这个年轻人对商贸有兴趣，他倒有可能会试图借助富有的父亲提供的资源来创办自己"不成熟"的企业，目的是"发大财"。

旨在社会适应的教育有四个组成要素：第一个要素是孝道，这是西镇社会组织的基石。毫不夸张地说，它是衡量一切行为和个体价值的标尺。人们清楚地知道，它为祖先崇拜提供了最重要的前提。儒家所谓孝道，即子女（尤其是儿子）必须取悦、效仿和赡养父母；双亲亡故后，子女必须服丧哀悼，举行殡葬仪式。西镇人对孝道的理解不外如是。此外，任何男性都负有延续父系子嗣的义务。我们已经通过孝道的作用机制看到它并非只作用于单向。

第二个要素是男女有别（estrangement between the sexes）。这之所以成为必要，主要原因是两性间发展亲密关系被认为有损孝道至上。这种疏离对男女的要求不同。首先，女性不可引诱男性，也不可展示她们的个人魅力。这样做的女性会被认为是放荡的。其次，性被认为是不洁净的，而女性对此负有责任。这是产后母亲和处于经期的女子有各种各样禁忌要遵守的原因。最后，女性卑于男性，必须严格扮演某种从属角色。父母对男孩表现出更多偏爱和纵容。兄长可以惩罚幼妹，但长姐不能惩罚幼弟。因此，男性通常对女性有一种缺乏尊重的回避。例如，如果一名男性遇到一位怒气冲冲的陌生女人，他会迅速离开以免遭其怒火，这并非因为他缺乏勇气，而是因为卷入与他无关的女人的争吵是不祥之兆。

西镇人从未清楚地描述过这个模式，但可以看到以下准则：男人除了妻子和姐妹绝不打其他女人；如果他们打了其他女人，将会是一桩凶兆且自降身份。女子必须尊重她们的丈夫、父亲、兄长和其他有关的年长男性；如果她们对其不敬，就会发现自已变成了社会的弃儿（social outcast）。

第三个要素是强调忠于家庭、宗族、姻亲和社区。但这里的每个范畴都是十分模糊的。我们已经看到，凝聚力的真正基点在于个体家庭，它要求巧妙地安排同宅分家以此保持大家庭的联结。因而，团体规模越大、越庞杂，其忠诚度就倾向于越低。而忠诚所适用的圈子（circle of loyalty）也多多少少因时而异，只有当两个团体之间发生利益冲突时，这种忠诚才会得到重申。如果一个家庭中两人起争执，对家庭的忠诚往往就会被搁置一旁。相反，如果不同宗族的两人产生纠纷，和其中一方同宗的第三人如果袖手旁观，那么同宗的两人就会发生龃龉——因为旁观者没有展示出对宗族的忠诚。

值得注意的是，T族中最富有权势的家庭经常因没有给自己族人提供最好的机会而受指责。

在忠诚所适用的更大的圈子中，人们所关切之事还受另一因素影响，即其中个体的社会身份。换言之，那些被我们分类为"富人"的人往往比那些被我们分类为"穷人"的人，对这些广阔的团体更热衷。这与社会适应的第四个要素——竞争，密切相关。

初看起来，我们很难理解竞争意识在一个以孝道和祖先权威为基础的社会组织中的重要性。但事实上二者并不矛盾。竞争意识可以用传统的方式表达，也可以按相反的路线表现。西镇的情况属于前一种。

不管怎样，在传统范围内，可选择的竞争方法和竞争对象多种多样。在此，我们可知富人和穷人的最重要分别如下。穷人的儿子尽其所能地努力工作以获得一定程度的社会和经济地位。然而，富人的儿子受到的所有鼓励都是通过扩大父辈和祖辈的威望权力以超越他人。

为了实现各自目标，穷人倚仗经济和产业，而富人诉诸墓园、家宅和仪式的排场。后者在此类的事物上越铺张，他们的声望和权势就越大。

富人之间竞争意识的体现还包括施舍穷人、赞助公共祈雨会或霍乱祈神会。这些都是传统的"善行"。近年来，竞争的新项目不时增加。镇上的医院和若干学校都是由那几个头部家庭捐资而建。捐赠的缘由与所建机构的内在功能无甚关系，因为这些家庭也是霍乱祈神会和祈雨仪式的慷慨支持者与积极参与者。此外，当 T 族人说要在当地建一所中学时，Ye 族人和 Y 族人都希望加入捐资名单。T 家坚持该中学必须要能被认出由 T 家捐赠，否则便作罢。最后的方案是 T 家负责修建所有建筑，Ye 家负责全部设备。好几年过去，T 家一直无法为所有规划的建筑提供充足资金，他们决定一部分一部分地建，和多数西镇人建造民居时一样。T 家的家主生于"虎"（十二生肖之一）年，因而学校的主教学楼前画了一只斑斓大虎。

穷人和富人都表现出强烈的竞争动力，但竞争的方法和目标截然不同。对穷人而言，方法是努力工作和勤俭节约，目标是一定程度的社会和经济保障。对富人来说，方法是举止傲慢和铺张浪费，目标是父辈祖先的荣耀。

这种竞争并非旨在消灭对手或上位者，但每个人及其所属团体都试图在传统界定的社会等级结构（hierarchical social framework）中获得更有利的位置。

这并非假定对被划为"穷人"范畴的家庭来说，其社会适应的目标将永远如我所描述的那样。事实上，即使人们不得不勤俭持家才能糊口，他们也将节俭和勤劳看作穷人无可避免的灾祸。一旦情况允许，亦即家庭财富增加，他们或他们的儿子就会趋于另一条竞争路线，即所谓"富人"家庭的路线。

女性的社会适应大致与男性相同，除了以下两点差异：女性服从男性的权威，且由于性别隔离原则，女性的竞争目标主要限于家务或小规模买卖。结果是女性的社会地位不如男性，她们对丈夫和儿子的影响也远不如这些男性对她们的影响。

第三类也是最后一类教育目标关涉神灵。神灵世界是社会世界的补充；因此，合乎礼仪是社会适应的补充。如前所述，从人与神灵的关系的角度，神灵可分为四大类：（1）祖先之灵，（2）无血缘非姻亲者之魂，（3）神灵世界中的官吏，（4）异域魂灵。对活着的后代而言，自家祖先之灵慈善有加，从无恶意，也不会被子孙冒犯。后人对祖先的态度在孝道中有着完全的定义，因此，其重要性更多体现在社会性而非仪式性方面。

第（2）类和第（3）类神灵的性质各异。他们涵盖了所有层级。神官统治着数量庞大的灵魂，包括有后嗣的祖先和无后代的孤魂野鬼，他们都被安排在一个等级体系中，就像人世间的官僚等级体系。这些灵魂可能是温和的、乐于助人的、善意的、恶意的或者严厉的。

来自另一文化或种族的灵魂仅是毫无相干的实体。人们既不害怕也不欢迎。他们对西镇人和神灵世界的关系完全没有影响。

因此，西镇人主要关注第（2）类和第（3）类神灵。基本行事原则是决不和任何恶灵对抗，以免受伤；决不疏远善神，以免他们在你迫切需要的时候拒绝施以援手。为安全起见，必须取悦或者至少避免冒犯所有有此类神灵，这是个复杂的问题，没有单一的解决方案。必须遵守禁忌，如果打破禁忌，会冒犯某些神灵。有罪的行为必须被消除；如果犯下罪行，灶神或其他巡查神明会报告上级。对特定神明的供奉仪式必须在规定时间举行，若是忽视了，期待于此的神明就会恼怒。假设有人打破禁忌，犯下罪行，或忽略重要的供奉仪式，这也并不意味着犯错者必将遭到毁灭，因为特殊的禳解仪式可以使愤怒的神明平静下来。

在这种联系中，我们可以如此理解循礼（achieve ritual adequacy）的基本心理过程。这种特殊的禳解仪式要么通过更隆重的祭仪和更丰富的祭品，重获神明的支持；要么通过祈求比所冒犯神灵更高的神祇，向更高权威表示恭顺。所产生的危机越严重，上述迹象越明晰。禳解仪式的最佳例子发生在1942年年初霍乱流行期间，那时可谓死伤枕藉。该瘟疫是由人类罪行引发某些神灵的愤怒所致。为了消灾必须要举行数量更多、场面更隆重的仪式，还要准备更加丰盛的祭品。召唤更多等级更高的神明也是同样必要的。当时负责镇上规模最大的祈神会的大法师向我说明如下：

> 为了禳灾，必须祈求上神发发慈悲，他们将会命令瘟神收回此前释放的行瘟诸鬼。必须尽可能地祈求更多上神……祈神会每天都会祈求更多神祇，因此做法事两天请来的神祇比一天多得多，做法事三天的效果比两天会更好。通常三天四夜便足够了，但若要尽善尽美，再多个七八天也行。[1]

---

1   F. L. K. Hsu, *Magic and Science in Western Yunnan*, Institute of Pacific Relations, 1943, p. 15.

　　霍乱期间，镇里不同地区举行了 16 场祈神会。像其他祈求者一样只组织一次祈神会远远不够。有经济实力的地区会尽力把祭仪办得比其他地区的更为盛大繁复。这一好胜之举并不是为了破坏其他地区的机运，仅仅是为了与有关神灵建立更有利的关系。

　　以上几页所讨论的教育目标可见下列表格：

表 9　西镇的教育目标

	习得生计	社会适应	合乎礼仪
男性	干农活 做生意 经营商铺或商号 做学问	孝顺 男女有别 顾念家庭、宗族 为生计、权力、声望、荣誉而竞争	取悦所有大能的神明，至少避免冲撞他们 敬顺上神，服从权威（神明赏善罚恶） 个体竞争上神的有力支持（因为月经和妊娠、分娩之事，女性有更多仪式性限制）
女性	做家务 干农活 做生意 经营小店	孝顺 男女有别 操持家事 服从男性 参与买卖和家庭生活内的竞争	
富人 （男性）	管理商号 当老板 做学者、入仕 赋闲在家	孝顺 男女有别 对更大范围的群体更为关注 为权力、声望、祖先荣耀，以及免于劳作而竞争	
穷人 （男性）	干农活 做生意 在商铺或商号工作 有机运时经营商号	孝顺 男女有别 对更大范围的群体关注有限 为生计竞争	

教育的方法

直接参与（Direct Participation）

贫富之间竞争目标的差异，源于紧密的父子联结（father-son tie）和大家庭理想，这尤其体现在教育方法的差异上。[1] 在西镇，培养年轻人最重要的方式是直接参与。事实上，人们从不言传祖先之道（ancestral way）。孩子们通过事例学习，只要在规定限度内，便不受约束。一旦越界，就会被毫不留情地斥责。很少有人跟孩子们解释**为什么**不能做某事。也没有人在某个确定时刻告知他们已经长大成人。他们是逐渐进入社区和家庭的工作生活中的。

通常，正如我们看到的，婴儿还与母亲以外的其他人接触。如果母亲很忙，则有姐姐、伯母或祖母照料婴儿。如果这种现象背后有其行事准则，那就是"便利"。我们可以说，从成长中孩子的角度来看，这些女性有融合成为一体的趋势；即在成长中孩子的眼里，各位女性都是一样好。然而就接触频率而言，在断奶前和断奶后很长一段时间内，母亲无疑比他人与之更亲密。

婴儿断奶的时间各不相同。通常在一个孩子出生时上一个孩子就已经断奶，但如果没有弟妹，哺乳期可能长达两年、三年甚至四年。显然这对儿童-成人关系影响重大。在强调直接参与的社会中，孩子断奶越晚，进入成人世界就越晚。在中国其他地方，家庭规模似乎和田产多寡相对应；田地越多，家庭规

1　我在此节的讨论尤其受益于 O. H. Mowrer and Clyde Kluckhohn, "Dynamic Theory of Personality," in J. McV. Hunt, ed., *Personality and the Bebavior Disorders*, 1944, I, pp. 69–131。

模越大。[1] 由此可以推断，富庶人家的孩子比贫苦之家的孩子更早断奶，进入成人世界。遗憾的是，关于这一主题，我没有在西镇收集到足够资料。

断奶后几年，母亲仍是和孩子（无论男孩还是女孩）接触最亲密的人。她负责婴儿的周身穿戴、衣物洗涤、日常饮食、看护和教导。除了祖母（母亲的婆婆），其他女性都会帮助抚养孩子。而且她们，包括孩子的祖母，会在孩子哭着要妈妈时把母亲叫回来。

孩子满周岁或更大时开始如厕训练。无论男孩女孩，每隔一段时间，都由母亲抱着（孩子背靠母亲的腹部），抬起两腿，使之便溺。三四岁以下的孩子，不会因为如厕问题受到惩罚。也很少有人其或无人培养、强制规训孩子的饮食习惯。孩子们尽量从小就和大人一块吃饭；其他时候，他们只要手边有食物就可以进食。

男女在许多方面被培养为不同角色，拥有不同的对待生活和异性的态度。需要强调的是，无论男孩女孩，他们进入成人世界的时间都比美国儿童早得多。人们容忍孩子气的行为，但决不鼓励。他们不知道如何协助儿童像儿童一样游戏。欧美儿童如果表现得像成年人，会让父母担忧；事实上，父母会为此咨询精神分析师或心理医生。但西镇的孩子若有同样行为，则

1　乔启明，《山西清源县一百四十三农家人口调查之研究》，《中国人口问题》，上海，1931，第267—273页；C. M. Ch'iao, Warren Thompson, and D. T Chen, *An Experiment in the Registration of Vital Statistics in China*, Oxford, Ohio, 1938, p. 15；冯和法，《农村社会学大纲》，上海，1931，第128—132页；Ta Chen, *Population in Modern China*, Chicago, 1946, pp. 30-31, 94。最后提到的这一研究表明了两个事实：总体上，农村人口的出生率高于城市人口，但在城市人口中，富人（除了受现代思潮影响的）的出生率又高于穷人。

会让父母很欣慰；实际上，父母会为孩子的行为成熟感到骄傲。

参与有三个要素——观察、模仿、有意引导。在西镇的日常生活中，前两者十分常见，第三个则较为罕见。

多数男孩女孩早早地就熟悉了集市。父母经营商铺的孩子很快就能通晓店铺事务。如果是前店后宅的结构，家中所有成员都可以帮忙打理生意。如果店铺与民居两相独立，家中年轻成员也会经常前去照应。规模较大的商铺采用学徒制，但仅雇佣男孩为学徒工。

西镇的学徒制和中国其他地方类似，要求学徒们从师三年或更长时间。在此期间，学徒薪资微薄，且必须日夜工作，完成住在店铺里的老板或师傅交代的一切事务。如果学徒是老板之子，他将有机会迅速掌握这项工作；否则他大部分时候只是师傅的私人仆役。在这种环境下，他的学习收获取决于他自身的主动性，以及观察和模仿的能力。当学徒开始接触买卖，他会不时从熟练工或师傅那里获得一些细致指令，但没什么系统性。当然，这些指导无法与课堂学习相比，更不会有理论阐述。换言之，这是一种发生在店铺里的家庭教育。

教育的非正式性在仪式方面最为明显。男孩女孩们在年幼时就要学习如何取悦神明；他们也学习如何避免冒犯神明。一个十三四岁的孩子便已围观过上百场仪式庆典或法会，并亲身参加了其中一部分。诞礼、丧礼、婚礼、中元节、春节、神佛诞日、祈神会等其他节日都是重大场合。所有家庭都会在每月初一十五供奉家庭神龛，大部分家庭每日早晚也供奉。

以下是我的一则笔记，描述了孩子们如何学习与神灵打交道。

今天我在本主庙遇见严老太太和她的两个孙子、三个孙女。本主庙里里外外的所有"神"（即每一个神像）都受了供奉。连大门的两根滚龙柱上的龙都享有"食物和钱财"。

老太太先是在三个主神龛前烧纸钱。三个神龛里共供奉着四位神明。烧纸钱的同时，她依次向四位神明跪拜磕头各五十次。中间的神龛里是本主神，当地的保护神。左边神龛里是观音娘娘。右边神龛里的两位神明身份不详。严老太太也不知道。

磕头之后，她将主神龛前的一部分供品放到托盘中，然后端着托盘轮流供奉庙里的其他神像。每个神像前祭拜流程如下：她双手把托盘举过头顶，然后放在供桌上，烧一些纸钱，跪着磕头八次或更多。

她磕头时仅向前四位神明祈祷。

她的长孙女十二岁，紧跟着祖母。严老太太每向一位神明磕完头，她就跟着跪下磕头八次，如是一一祭拜过庙里所有神明。

另两个女孩，分别是四岁和五岁，也在学习像祖母一样磕头，还不是很熟练。但她们的神情严肃认真。

两个男孩和这两个小女孩年纪相仿，顽皮而不严肃。他们既不按顺序跪拜神明，也不面朝着神像，只随意磕几下头。有时看起来像是在摇头。

庙里的地面是砖石铺就的，但十分脏污。实际上，没有人在意于此，每个人都自然地跪下，两手触地。

那天是严老太太的小孙子出生的第三日，她来庙里向本主神汇报、答谢。许多老妇出于各种缘由前来本主庙。事实上，这类供奉一年到头在各个庙里都十分常见。

不过女孩们很快意识到她们和兄弟之间的差异。西镇的成年人从不在公共场合赤身裸体。他们也尽可能避免在孩子面前不穿衣服。但因为常有七八岁及以上的孩子和父母睡一间屋子乃至一张床的情况，显然他们对于有些生理事实并非一无所知。据我所知，9岁或10岁男孩和祖母睡一张床就有好几例。

我无法确切说明男孩子几岁时开始不应该再和母亲或祖母睡一张床，但我知道有个20岁的儿子还和他的寡母同住一屋，还有个17岁的女孩和鳏居的祖父同住。这个女孩恰好在我离开西镇不久前结婚。人们对这两个例子不以为意。但个体不得对异性生理特征表示好奇。通常在四五岁时，两性角色差异便已显露。

正如前文所述，教育的实质是以直接参与的方式进行教导。因此，社会化历程（socializing process）的开始阶段和后续阶段均不以言语来实现。通常，男孩效仿父亲，女孩模仿母亲。

女孩比男孩更早开始参与该过程。例如，一个六七岁的女孩已经可以照顾年幼弟妹，淘米，到溪边洗小件衣物。很快她将开始帮忙收割庄稼、煮饭烧菜。男孩们直到十二三岁仍在镇上随心所欲地四处闲逛，而同龄女孩已经能为母亲分担大量家务了。

此外，男女在仪式方面的差异更大。例如，男孩从未被禁止参加任何重要仪式活动；然而，女孩却不能参加大多数祈神会。男孩几乎没有什么必须遵守的禁忌；女孩则要忍受许多仪式限制（ritual disability）。女孩的贴身衣物由于接触过身体，不能和其他衣物一样晾晒在院子里或太阳下。就仪式的角度而言，女孩的经血最为不洁。它会冒犯得罪所有神灵。因此，她在月经期间必须避开所有仪式活动。女子产后也必须遵守诸多禁忌，这些禁忌令她几乎寸步难行。[1]

男女所受教育在社会方面和仪式方面的差异不容忽视，但这一差异与贫富之间的教育悬殊相比，却微不足道。教育差异不是由于文化规定，而是因为父子联结和大家庭理想的存在。基于同样的原因，贫富之间的差异很大程度仅适用于男性。

在这两个原则的指导下，成年男性和他的儿子紧密相连，所有父母都能在孩子的身上看到自己的影子。不过西镇的父亲比他人更渴望看到孩子从出生起就达到自己期望的高度。除了性，成人世界的一切都对成长中的孩子敞开，整个儿童世界也没有任何一部分完全属于儿童自己。据我所知，西镇父母不会每周或每月定期给孩子零花钱，让他们自己量入为出。每个孩子都尽可能从父母手中多拿钱。因此，富人的孩子（尤其是儿子）从小就容易奢侈成性。他们的父母很少加以约束。事实上，孩子们能够随意挥霍恰好证明了父母的荣耀和声望。相反，穷人家的孩子往往自小就懂得铺张浪费的恶果。他们的父母也不会给他们任何零花钱。

贫富差距不仅在于钱财，在其他消费习惯上更是如此。富人的孩子往往饮食无度；穷人的孩子不得不时时勒紧裤腰带过日子。

这样一来，穷人的孩子和他们的父亲一样贫穷，富人的孩

1　当然，妇女坐月子的相关禁忌确实具有帮助产后恢复的作用，因为这些禁忌把她们从繁重的劳作中拯救出来，但西镇人并不如此表述，也不这样理解。女子坐月子期间的禁忌是西镇女性的所有禁忌中与生俱来的一部分，目的在于防止女性身体的不洁冒犯或得罪神明。

子和他们的父亲一样富有。因此，穷人家的孩子通常自幼就懂得勤俭上进；而富人家的孩子被鼓励奢侈享受。穷人的儿子深刻认识到谋生之道、量入为出和未雨绸缪的重要性。对他们而言，生存艰难不易。而富人的儿子感受到的是被人侍候的享受与尊贵，以及出身于名门望族的重要性。他们无须考虑自己的虚荣和挥霍是否在能力范围之内。他们和自己的父亲一样，无须忧心贫乏。拥有权力和财富是理所当然之事。

穷人和富人的孩子也同样各自分有长辈的谦卑或权势。这再次意味着，正常情况下，出身低微的孩子在人生伊始就谦卑谨慎，而高门大户的孩子带着世界尽在掌握之中的坚定信念开始人生。

奖　惩

在西镇，褒奖表现为三种形式：对财富和成就的赞扬、祖先满意、子嗣繁盛。

赞扬可能来自父母、家庭成员或其他人。可以夸奖孩子，也可以称赞大人。无论儿童还是成人，只要生意兴旺，人情练达，孝顺父母，恪守礼仪，对宗族和社区慷慨大方，于学术或仕途有所成就都会获得赞扬。换言之，儿童因为成熟被夸奖，成人因为成功被称赞。

赞扬可以是人们之间的口耳相传，或者在降神会上的神明之言（通过灵媒）。后一种情况下，被赞扬之人通常已故，并在神灵世界担任官员。

有时赞扬的对象是财富，但人们对待财富的情感不止于赞扬。财富无疑是大多数西镇人工作的直接动力。人们成功赚取财富常被视为祖上行善积德的结果。相反，一个人若是穷困潦倒定是因为祖先恶行累累，故而导致他身份低微。

祖先满意也就意味着子嗣繁盛；若子嗣繁盛，祖先也将对此感到满意。每个个体都是所属世系无限连续体（infinite continuum of the lineage）中的一部分。西镇人总是尽其所能地取悦祖先。功成名就的人认为自己不负宗族先人的期望，并为后人树立了榜样。尚未建功立业的人则盼着有朝一日光宗耀祖，成为后代的更好典范。

妇女基本不属于这一奖赏体系。她们常因恪守妇道而受社会和神明称赞。妇女们也为能取悦祖先、子嗣繁盛而自豪。尽管她们参与贸易，但从不掌管大量家财，并且人们认为所有女性在家庭连续体中都附属于她们的丈夫和儿子。

她们在世俗奖赏体系中无足轻重。毫无疑问，与之相关的是，与她们的丈夫、兄弟和儿子相比，女性看似更多地力争在神灵世界中寻求某种补偿。尽管众所周知只有男性死后才能成为有等级的神官，上述情况仍然如此。无论何时，庙里和家中敬神拜佛的女性都远多于男性。

女性和奖赏体系几乎无缘，与此相反，她们在惩罚体系中占比很大。她们是被惩罚的对象，就算没有比男性受到的惩罚更多，也至少和后者相当。最常见的惩罚形式是父母的斥责和念叨。父亲在任何时候都享有最高权威，但无论男孩还是女孩，十岁前或者十一二岁前都由母亲管教，父亲很少插手。十岁之后，父亲管教男孩，母亲教导女孩。兄长也可以教育胞弟，偶尔当父亲不在家时也教导幼妹。

根据亲属关系结构的内在原则，父亲的同辈人或者上一辈人也具有权威。现实情况却全然不同。没有父亲会自行否认叔伯对侄子侄女的权威，因为这种扩展而来的权威（extended authority）通常被认为是正当的；可是如果有人不假思索地执行这一原则，被惩罚的孩子的父母可能会十分心疼，他们尽管默许了这种管教，但可能在现实中对此叔伯表现出敌意。我不止一次遇到祖父责打孙子，为此媳妇和她公公大吵。公众舆论并不支持这位年轻女子，但老人也因此十分郁闷，之后他再责罚孙子的时候可能会三思而后行。

这不意味着权威-服从模式延伸不到叔伯和侄子，只是因为父子联结强于一切其他关系。父子一体如此重要，以至于其他原则都黯然失色。

因此，只要父母健在，无论他们是否在家，教育孩子的最终权威都不可能属于亲属团体的其他成员。叔伯若是管教侄辈，则有兄弟龃龉的风险。结果只有父母对孩子具有理论上和实际上的权威，除非确实父母双亡，不然他人不会承担如此责任。

惩罚有各种各样的形式。在西镇，打骂是一种常见的惩罚形式，但从未有严重的责打。事实上，如果被惩罚的孩子像杀猪一样大声呼喊"再也不敢了"，他们确实经常这么做，生气的父母通常就会停手不打。与中国多数地区的男性相反，西镇的男性不会决意惩罚孩子，他们甚至不如妻子严厉。

另一种惩罚形式是断绝亲子关系，用西镇的话来说，叫"赶出家门"，这和中国其他地方一样。理论上，只有孩子不可救药的时候才会采取这种惩罚形式。一个声名狼藉的女孩就会遭此命运。

事实上，在西镇从未见过或记录过这类惩罚。据我所知，有两名女孩被指控与人私通。但她们只是被双亲之一（父亲或母亲）打骂一顿，然后悄悄低嫁到了偏远村落。当然，这样出嫁的女子可能饱受痛苦，因为如此联姻的双方几乎没有维系社会来往。缺少娘家支持的女子只能完全听命于丈夫。没有证据表明西镇曾有男孩被剥夺继承权。

最后，必须指出，在西镇，女孩所受的父母管教（parental discipline）比男孩所受的严格。父亲不常过问女儿，母亲则完全控制十岁前的孩子，她对女儿比对儿子更严苛。相比中国的一些地区，西镇的父母管教显得温和，但偶尔前后矛盾：同样都是犯错，孩子有时候受罚，有时候则不会，这取决于运气或父母的情绪。同宅分家模式下，祖父母或其他家庭成员的干涉极大强化了父母惩罚的不一致。在中国其他地方，分家之后，联合家庭立刻四散开来，从而减少了这类干涉的发生。

在讨论公共惩罚（communal punishment）之前，我们必须指出，公共惩罚绝非由社区全体强加于人，也并非不经思索地执行。它往往由一些在某种程度上乐于此道的人提出和实施。积极的实施者有时是倍感羞辱的家族成员们，有时是一群毫不相干但厌恶新型男女关系的西镇人，有时仅仅是被冒犯一方所唆使或雇佣之人。宗族本身在公共惩罚中并非突出因素。

公共行动通常针对道德事件，尤其针对有关孝道，对亲属、姻亲、社区的忠诚，以及性的控制（control of sex）等事件。所有和我讨论这个话题的成年人都说，凡是不孝之子都可能被他的族人甚至其他人殴打。但这种情况从未发生过。因为应受如此惩罚的儿子通常犯下了殴打父母的罪行，但从来没有哪家儿子如此不孝。殴打父母这一极端情况尽管少见，但各种不孝行为，例如忤逆、争执、没有尽到赡养义务，也总是存在，这些行为会成为镇上的谈资、笑料，以及隐约的谴责对象。

"不道德"的性行为会遭人说闲话、嘲讽和排挤，也可能引发更暴力的惩罚方式。自然，所谓"不道德"指的是与传统观念不合。任何在公开场合举止亲密的男女都可能成为在公开场合被惩罚的对象。西镇人记忆犹新的一个例子是，一位年轻人和他的新娘手拉手走在街上时，被人从头到脚浇了一身粪便。[1]

公共行动中若是包含殴打等暴力手段，往往比父母的惩罚严厉得多。这类公共行动只有在犯事者没有父母，或者父母羸弱、社会地位低下的时候才会发生。那名与一位当地女孩相恋的大学生便是如此。[2] 两人在田间散步时，一群持枪的人拦住他们并扬言要取他们的性命。这对恋人随后被押往镇公所，又被转移到地方法院，后被释放。这种情况下，两名犯事者之所以没有受到严厉惩罚，是因为男方是一个"外人"，而且有大学在背后撑腰。此外，女孩的寡母也全力支持两人在一起。

如果没有类似背景，对违背乡俗之人，尤其对女性的惩罚可能极为严苛。在我第一次来西镇前不久，发生了这样一件事。一名女人由于不满丈夫，和情人私奔。两人曾是另一个镇的居民，但私奔来西镇定居。她的丈夫和家人派了很多人到处去找，最终一个人在西镇市场认出了她。此人离开后叫了一伙人回来。他们抓住那个女人，把她打得半死。她的情人逃得没了影。西镇人对此事的反应十分典型。他们告诉这伙人可以把这个女人打死，但必须在镇外动手。言下之意便是：这样的女人理当被打死，但他们不想她的死弄脏这里。

对亲属团体和社区的不忠难以笼统界定，正如前文所述，个体对这些团体的忠诚模糊且易变，但仍有关于这类不忠的具体事例。譬如，有人在显然有能力伸以援手的时候，却断然拒

1　细节详见第一章。

2　细节详见第四章。

绝；另一类例子是招摇撞骗。前者通常会受到几分非议，后者则会招致严厉谴责。

例如，镇上最大的两家商号都雇佣了大量家族成员、亲戚和其他西镇人。这种局面是社会所期望的，因为拥有T商号（两家规模最大的商号之一）的家庭曾因没有将多数机会提供给家族成员、亲戚和其他西镇人而遭受非议。更有意思的是，这些商号的运营既没有受到贪污腐败、挪用公款的困扰，也没有因为雇佣亲戚和同乡而效率低下。

这和官场的情况形成了鲜明对比，裙带关系造成了各种各样的官场黑恶。

出现这种反差的部分原因是工作条件（condition of work），尤其是针对社区内恶意行为的公共制裁（communal sanction）。首先来分析工作条件。学徒期结束之后，所有的学徒都会成为商号的工作人员。无论他们是否为老板的亲戚，皆被一视同仁，根据工作质量给予奖励。每个人有一笔基本工资。此外，在营业年度结束时，再次严格地根据工作质量，分发数额不等的年终奖金。赏罚分明、公平公正的基本原则在中国政府和各级官僚机构中被随意践踏，在私营企业中却作为当然之事而得到贯彻落实。

无论商铺大小，老板都不能让一己之私阻碍商号成功。迫于社区公共舆论的压力，员工们也不能腐败贪污，害得雇主经营失败。事实上，西镇商铺几乎所有的员工都是当地人或附近居民。各地分店会雇佣一些当地人，但重要职位仍由西镇人担任。

现今中国政府中贪污腐败的不法之徒并不惧怕罪行败露。这一点在大量的官员腐败案例中显而易见。诚然，一些知识分子对此日益不满。有些报纸杂志以泛泛之辞反复地抨击这类行径。但在私人圈子里，一个侵吞公款、逍遥法外的人，并不被排斥。事实上，这样的人，尤其是如果他对知情人士以及亲朋好友慷慨大方，那么对这些人来说，他至少是一位值得钦佩和尊敬的对象。不识字的大众对于这种腐败的存在一无所知，因而对腐败之徒要么视而不见，要么敬而远之。结果是腐败者借助自己的熟人、亲戚、族人和同乡小圈子抵御公众谴责。

与这些错综复杂又毫不相干，令普通小镇居民头昏眼花的公共事务不同，西镇人自己所有和管理的商号事务很容易不胫而走，人尽皆知，尤其是当传播者为一方或另一方遭受不平而伸张正义时。一个人要是败坏了亲戚、族人或是同乡的店铺，他即使敢回家，在西镇也永远抬不起头来。对家庭和家乡的强烈情感使得每一个西镇人都无法永远过局外人的生活。对他们而言，地方风俗习惯的力量远比骄傲于民族成就、整个国家的社会经济发展这些空泛理念来得更重要。在这种情形下，几乎没有人敢冒大不韪，承受被当地社区成员排斥的风险。因此，恰恰是对亲属和地方联结的忠诚避免了这类忠诚本可能导致的黑恶之事。

在这方面，区分老板的直系亲属雇员和非直系亲属雇员至关重要。后者若是欺诈，会被施加上文所说的社会压力；前者若是犯下完全相同的不当行为，西镇人只会把它当作父子间的事（father-son affair）。

最后一种惩罚形式是超自然的：对恶鬼和地狱审判的恐惧。两者难以区分，但人们更关心的是包括在世父母和子孙后辈在内的现实生活遭遇，而非死后魂离开身体后的境遇。当有些西镇人说"善有善报，恶有恶报"时，他们通常指的是人世生活，而非灵魂处境。

神灵的奖赏可能是天官神职，但我们已经指出，人们最期望的奖赏是赞扬、财富和子子孙孙的繁荣兴旺。神灵的惩罚可能是地狱的折磨，但不正当行为直接导致的严重后果是疾病、贫穷、横死、断子绝孙、火灾、盗窃等其他形式的厄运。[1]

在本小节结束之前，我们必须指出的是，祖先完全不在施罚的范围内。如果一个人被神官惩戒，某种程度上他的祖先也会被惩罚。事实上，如果可能的话，个人须凭祖先的庇佑来摆脱困境。

族　谱

祭祖节唱大本曲的习俗具有深远影响，但最明晰有力地塑造年轻人的力量蕴含于族谱的记载。这里我们必须再次注意贫富之别。富人编修大量族谱，有些多达数卷。穷人仅记载祖上几代。富人的族谱不仅记录祖先之名及其在家族树（family tree）中的位置，而且还包括高度系统化的材料，通常由后代修饰加工而成。一份 T 氏族谱自述其编修目的如下：

> 族须有谱，所以征忠孝廉节，用寓劝惩，所以纪近派远支，借联亲义，使后人知报本追远，敬长爱亲，并可备志乘采择之一途。

各家族谱编修方式不同，但多数除了简明清晰的世系谱，

1　关于这类惩罚，仅举一例：如果一对男女，无论是否结婚，一起睡在一间并非他租来的房间，房屋的主人会十分愤慨，不是因为他的财产权遭到侵犯，而是因为这种情况下的性行为会招来恶鬼或惹怒神明，可能导致房子意外被毁。

还包括以下诸项：(1) 谱序 (修谱目的、历次修谱概况、宗祠变迁、家族源流及考证等)，(2) 祖训 (教诲子孙道德仁义)，(3) 祠堂、祖坟的平面图，(4) 传芳 (包括族中先贤以及在世子弟的著述)、族中要员葬礼上所宣读的祭文、圣旨、其他朝廷官员颁发的与宗族关系密切的政令，(5) 名贤录。

就本章主题，名贤录最为重要。有本族谱的名贤录包含以下类别：

乡贤

卓行 (如和睦乡里、提携后进)

忠烈 (如那些在某朝变乱中战死沙场之人，虽未具其所效皇帝何人)

义士 (如出资重修路桥之人)

孝友 (如一男子，为保护父母而遭土匪杀害；又如一男子，贫寒交加仍赡养母亲、对富裕的兄弟毫无怨言)

节孝 (仅指女性。如一女子，丈夫死后拒绝再嫁；又如一女子，含辛茹苦抚养独子；再如一女子，从身上割下一块肉给婆婆做药引)

文学 (书法附)

选举

仕宦 (非选举)

宦迹 (如在为官之地受当地百姓拥戴而见诸报端)

军功

武职

毕业 (指受过中等、高等教育，据说此宗族一名成员

正在美国求学。此项共列十人，尚无女性）

　　边臣

　　隐逸（主要是失意文人）

　　仙释（其中所列一人据传能呼风唤雨、释梦解疑，还有一位由神明赐予过点石成金的能力）

除此之外，该族谱还记载了一名祖先的事迹，其成就未见于以上名录：

> 于诗，震次子，字兴美，路拾囊金访其主还之，同里赵廷后赠以联云："路拾黄金能不昧，家传白璧自无瑕。"公尝服贾三营，畜一马，日夜放山中。每街期辄自驰归至上马处，俟骑之始行，如是者十余年。洎公葬日马亦死，以见信义所感且及于物云。

这类故事有其真实性，但显然也富有传奇性。所有族谱中，此类叙述比比皆是。当然，有人可能会问，有多少宗族成员真的熟谙族谱。许多当地人基本大字不识，他们如何阅读族谱？回答这个问题并不困难。首先，西镇的总体识字率高于中国其他地区。其次，更重要的是，族谱记载的故事通常是口耳相传的古老传说。人们常在茶余饭后、家庭聚会，尤其是祭祖节期间谈论这些故事。如此，即使不识字的妇女也渐渐对之耳熟能详。而且，大量事例表明，编修家谱的文人正是从目不识丁的老人们那里获取各个祖先的相关事迹。最后，倘若我们和西镇任何一位成年人交谈，就会发现无论是否识字，他对族谱所载的族人故事的熟悉程度都会使人打消上述疑虑。

对族谱所载"杰出成就"的回顾和上述分析表明，这些被选出并加以强调的内容和西镇日常生活模式之间存在一个非常有趣的矛盾。在这些"成就"中，男性美德具体包括：孝亲、悌兄、睦邻。女性美德包括：孝亲、贞静。男性的这些行为被视为杰出成就：行善积德，供奉神主，科举功名，著书立说，跻身仕途，文治武功。女性的以下行为被视为杰出成就：忠于丈夫，侍奉公婆尽心尽力。

以上这些与日常生活模式基本相符，但在一个特定方面有所不同。族谱强调学识和加官晋爵的重要性，视之为人生成就，但全然不提作为西镇生活之支柱且西镇人为之经受严格训练的商贸交易。

这或许可以用过去几个世纪以来的朝廷政策——重士轻商来解释。然而，上文所列举的族谱，最近一次修谱距今不到15年，那时朝廷灭亡已很久。因此，至少可以推论出这种忽视表明了真正的社会理想（social ideal）。最后，因为只有比较富裕的人家才有族谱，显然这种修谱倾向可以解释贫富之间的教育差异。穷人家在教育过程中强调生计活动；富人家的教育强调追求位高权重，虽然商业对他们仍十分重要。

学校与学识

迄今为止，我们关注的主要是非正式教育。现在我们将考察更正式的教育。

如绪论部分所述，1942年三所当地学校招生共1400人。即使其中50%的在册学生不是西镇本地人，这一入学人数与西镇8000总人口相比，仍颇为瞩目。一个社区，有10%左右的人口就学，这在中国大部分已知的地区中必然不是典型现象。如此高的入学率无疑例证了西镇人对于学校和学识的重视。

然而进一步的考察揭示了其他面向。首先，多数父母轻视学校教育。不需要孩子在家时，家长才会把他们送去学校。任何家庭活动都可以成为给孩子请假的充分理由。其次，家境富裕的男孩子们，相比于长时间待在学校，更愿意无所事事。最后，很少有人重视高等教育。对西镇如此富裕的社区来说，中学毕业后继续上大学的年轻人的数量可以忽略不计。绝大多数人接受小学教育是为了学会读写，从而能够更成功地经营生意。这种忽视高等教育的态度，在通货膨胀导致坚持教职工作的大学教授和大学毕业生经济窘迫时，愈发凸显。西镇人几乎公开蔑视这些"穷"学者。只有学者的收入高于普通商人，他们才能保住传统的威望。学者的经济地位一旦下降，其社会地位也会下降。显然，常言所谓的尊师重道本身在此并不受重视。

有段时间，我专注于这一假设：西镇人对学识的漠视源于帝国王朝的覆灭和科举制度的废除。许多西镇老人和我强调，从前上学的人少是因为镇里太穷了，但那时"扎实的"学问更多。这些报告人还说，过去有天赋的学生都可以通过科举获得功名利禄。这两个互相矛盾的说法表明，即使在以前，所谓的重视学识也不过是渴望学识带来的社会和经济利益。这个观点进一步从以下事实得到支持：和中国其他地方不同，西镇基于旧制度的私塾在新式学堂开办后就彻底消失了。从西镇人在其他生活领域的保守主义来看，私塾的迅速消失只能归结于这里的人们对学识本身无甚兴趣。

然而，尽管捐资新式学堂旨在提高捐资人的家庭地位、宗族声望，但仍难以避免引入与传统相悖之事物。报告人对此不愿多谈。事实上，他们非常不愿意承认此事。学校虽然仍宣扬孝道，但引入男女同校，强调爱国主义，并抨击"大家庭"制度的罪恶。有些案例中，男学生变得过于人格独立，甚至还发生过两起女学生和心上人私奔的事件。学校反对迷信，而西镇经常举行霍乱祈神会和其他祈神会。学校教授关于农业、银行、历史、地理和三角学等方面的知识，但是家务、田事和家庭生意对这些课业几乎毫无帮助。

尽管如此，新式学堂已经成为时代风潮。西镇人因此在旧传统与新思潮之间无所适从，结果是产生了诸多的混乱和含糊。父母送孩子去学校，但他们不在乎孩子是否专注于学业。男孩们在学校学习公共清洁、讲究卫生，但还是在家里随地吐痰、理所当然地参加霍乱祈神会。

表面上，新式学堂教育和旧式私塾教学有时是等同的。现代学校的毕业生多少享有类似古代科举的荣誉。但这种表面相似无法更进一步，西镇人对此也不甚满意。

第九章

祖 荫

在此，我们可以总结前几章所描述分析的文化。该文化的第一个要素是父子一体。此"一体"既奠基在父系（patriliny）和辈分（generation）这两个支配全部亲属关系结构的普遍原则之上，又是二者的根本。

我用"一体"来表述父子关系的原因在于，这种关系的权责不是单向的，而是相互的。父亲必须抚养年幼子嗣，并按祖宗之法教育他们，还要为他们寻门合适的亲事。长辈这么做与其说是对儿子尽义务，不如说是对父子的共同祖先尽义务。儿子应绝对顺从父亲，负责为父母养生送死[1]，并根据社会地位和经济能力安葬他们，满足他们在彼世的需求，还要尽力确保香火延续。子辈做这些事不单出于对父母的责任，也出于对父子的共同祖先的责任。

因此，从亲属关系组织的整体来看，父子一体仅仅是家庭连续体中的一个必要纽带，其一端是众多先祖，另一端是无数后裔。

1　子为父服丧两年，为母服丧三年。西镇人对为母亲多服丧一年的解释是，母亲生养子女更加辛劳。但是在所有场合中，女性角色都被认为应当从夫，甚至从子。

第二个要素，我概括为男女有别。一方面，这一模式规定了性别不平等；另一方面，它使得消除所有性爱表达成为必要之举。两者都是贬低夫妻关系、强化父子关系的手段。在西镇，我们看到男性对女性具有绝对优势。不仅丈夫高于妻子，而且兄弟高于姐妹。这种不平等贯穿在人们生活中，而且无论男女谈及此事时，都毫无保留和犹疑，陈述得清楚明白。只有当一段关系涉及两代人时，这个原则才会黯然失色。男女不平等，意味着涉及性过错时，对女性的惩罚远比对男性严厉，寡妇再嫁的境况也比鳏夫再娶差得多。事实上，人们鼓励鳏夫再娶，同时又以寡妇再嫁为耻。因此，女子再嫁后，她的社会声望会大大降低。由于这个习俗，西镇人不接受收继婚，而在中国的有些地方，穷人偶尔会采取这种非正式的婚姻形式。

消除性爱表达广泛地影响了人们的行为。由于浪漫爱情在这一格局下无处存身，男女双方可能在婚前从未见过面。缔结婚姻的目的是为丈夫的父母迎娶儿媳、延续香火，因此婚姻便由父母依照习俗包办，无论它是优先婚还是厌恶婚（disfavored match）。强调父子联结的延续意味着，人们必须可以预测家庭新成员或准成员的行为和观念，以免他们破坏这一联结。至少在理论上，浪漫爱情是不可预测的，它强调的是配偶之间的个体依恋（individual attachment）。因此，即使是夫妻之间，公开的亲密动作都不被社会允许。

第三个要素是大家庭理想。从父子关系平稳运转及延续的角度出发，大家庭理想的重要性显而易见。在任何一个家庭的任何一个世代中，一对父母很可能生育多名子嗣。这意味着，在任何具体情境中，父子关系可能指的是一位父亲同数个儿子之间的关系。显然兄弟阋墙会破坏内在于父子一体的权威互动和权责交互。若是儿子们因争吵而四散出走，父子世系甚至会陷入断裂的危险。

为了强化大家庭理想，以下两点的发展至关重要：一是团结精神（esprit de corps），二是目标统一。团结精神产生于共享荣誉与和睦相处。因此，人们要在民居、祠堂、墓地，以及所有节庆场合展示他们远房亲属的官阶、德行和其他成就。此外，如果看到同宗孩子打架，父母依照这一社会理想，应该表现得对别家孩子比对自家孩子更为关心。目标统一体现在利益和物质资料的共同体中。所以，分家之前应汇总家中所有人的收入所得，背离此道则是家族四分五裂的征兆；理想的家庭应当同财，而且世代同居。在清朝，儿子与父母断绝关系，或未经长辈允许分割财产，将会受刑法处罚。不用说，一旦大家庭理想的重要性在直系的两代人中生根发芽，它就会逐渐扩展到其他旁系亲属中。

第四个要素是教育模式，我们姑且称其为"老成教育"（education for old age）。西镇的人们承认社会中年轻人和老年人在心理和行为上存在差异。但无论是 5 岁孩童还是 20 岁成人，他们所受教育要旨皆相同。教育儿童时并不促进其自身作为儿童而成长，而是在每个节点都鼓励他们模仿和实践成人的生活方式，亦即践行祖先之道。儿童自懂事起，就被灌输关于亲属关系连续性的意识、大家庭的理想、和睦亲族乡里的理念，以及对鬼神之事的守旧。父母无意鼓励孩子间的性格差异。相反，年轻人越服膺祖宗之法就越好。这使年轻人清楚地意识到，年轻不令人向往也并不舒适，老成才有优势且受尊重。

这种教育奠基于这一假设：所有人都生活在祖荫之下。死亡并不会拆散亡者与生者的关系；仅仅将之改变为另一种层面的关系。生者对于家中亡者的态度不是恐惧，而是持久的思念和深情。事实上，习俗要求人们至少在一段时间内按照既定规则，对离世的亲属怀有强烈的亲情（kinship sentiment）。可以料见，习俗要求人们对父母的亲情表达最强，对妻子的最弱。这种情感所要求表现出的强度与亲属关系的亲疏远近（包括直系和旁系）成正比，关系越近，情感越强。人们应当事死如生，对亡者生前的责任在其死后也要继续下去。

　　亡者对生者的态度完全与生者对亡者的态度相互契合。一共有四类神灵：（1）宗亲和姻亲的灵魂，（2）无血缘非姻亲者的灵魂，（3）神灵世界中的神官鬼差，（4）未知或陌生族群与文化群体的亡灵（如回民的灵魂）。第四类灵魂被认为与己无关，完全不纳入考量，他们既不有益也不为害。第三类神灵或许慈善温和，或许怀有恶意。他们大多掌控着或在某种程度上关联着每个个体生命中可能遭遇的命数、机遇、灾厄、疾病乃至死亡；其中多数神灵的名字和性质为人所知。他们是神灵秩序（spiritual order）的一部分，正如县令、巡抚、阁员、皇帝、将军、士兵和警察是社会秩序的一部分一样。人们或可向他们寻求帮助，或可避免冒犯他们，但都无法完全逃离他们的管辖。第二类灵魂性情不明。其中有子嗣存世的灵魂通常幸福满足，因而完全无害。而暴死者、不得享祭于家庭神龛或宗祠者则十分危险。他们或极端妒忌生活美满的生者，或过于困顿潦倒，以致伤害他们所能触及的一切人和物。人们必须以供奉和香火安抚这些鬼魂，并避而远之。第一类灵魂和其他三类都不相同。他们总是善意有加，从不恶意伤害亲眷家人。事实上，加害问题根本不存在。他们的善意被认为理所应当，以至于我在西镇的报告人觉得质疑这一点毫无意义，荒唐可笑。

祖先的灵魂会尽其所能帮助自己的子孙后代。他们关联生者，生者可以毫无顾虑地依赖他们，无论光景好坏都不会有丝毫改变。他们生前死后的行为，都影响着后裔的命运。反之，他们的命运也受子嗣行为的影响。子孙绝不会冲撞祖先，祖先也绝不会降灾于子孙后代。事实上，当子孙因第二类和第三类灵魂而遭灾时，尽力保护他们是祖先的天职（尽管他们未必被请求这么做）。

显然，生者对亡者的态度和亡者对生者的态度在功能上一致。生者和亡者的关系本质上以生者间的关系为范本。不仅如此，颂扬亡者使得亲属关系理想化，并且确立了亲属关系的标准和模式。这一模式似乎决定了所有神灵鬼魂对在世事物的态度，以及大部分西镇人的在世取向（worldly orientation）。许多西镇人热衷于祈祷、遵守禁忌和勤于供奉以积累功德，但是他们这么做主要是为了获得切实的好处：免于疾病、获得子嗣、葬礼体面、墓地适宜、子孙世代繁盛、死后在宗祠中的荣誉席位。这些亦是祖先灵魂欲求的对象，他们既是为了自己，也是为了后代。

阴间几乎可说是阳世的复制，严格说来是阳世的补充。和所有中国人一样，西镇人从阳世推演出阴间的存在，而非相反，这一点与基督教不同。[1] 同样，西镇的祖先崇拜源自对家庭组织的崇拜，基本上无关信仰。在同一文化体中，一种信仰通常会被一部分人接受，被另一部分人拒绝。西镇的祖先崇拜更近乎一种朴素的日常行为，并非有人接受，同时又有人反对。事实

1　因此，认为中国人信奉万物有灵论（animistic）的观点十分离谱。参见 J. J M. De Groot, *The Religion of the Chinese*, Leiden, 1910 中的荒谬论证。

上每个正常的西镇人都把祖先崇拜看作天经地义的事，绝不挑战它。他们对此的信念从未动摇。西镇的祖先真正地生活在他们的子孙后代之中，这不仅是在生物意义上，也在社会意义和心理意义上。因此，这种家庭宗教无须像布罗尼斯拉夫·马林诺夫斯基（Bronislaw Malinowski）曾断言的那般，需要奇迹加以确证，因为奇迹已通过家庭中的生生死死内在于此连续体中，生生死死正是家庭连续体构型中不可或缺的一部分。家庭构成宗教；宗教内在于家庭。

我们目前概括的西镇文化的五大要素有一个共同特征：**权威**。权威是父子一体的核心，渗透在两性关系、大家庭理想和教育中，而且也有祖先的祝愿作为支持。

在西镇文化中，"**竞争**"和"**权威**"同等重要。权威伴随着不平等，适用于两代之间、男女之间、年龄悬殊者之间、身份有别者（富豪高官比之穷人、平民或低阶官吏）之间。显然权威不适用于同辈分且同性别亲属关系（如兄弟关系）或其他某些关系（如同一社区内无官衔的普通居民）之间。在这些群体中，平等普遍存在。

如果两人的关系是权威-服从模式，便无竞争。但在平等关系中，则允许且必然存在竞争。家庭组织规定无论长幼，所有儿子均可平等获得祖先遗产，所有儿子都有机会成为独立家庭的家主，其中每一个都可能凭借个人成就成为父母和祖先最喜爱的儿子。这种参与竞争的内驱力往往会得到额外鼓励，它促使人们努力争取更多的财富、更大的家宅、风水更好的墓地、更气派的宗祠、更铺张的仪式，以及许多能增益生者与亡者的财富声望的其他举措。竞争还是家族积弱的肇因。理论上，父辈权威越大，那么人们祭祀的祖先就追溯得越远，并且家庭统一体的理想也越强烈，宗族组织就越具有凝聚力。但竞争意识也会破坏宗族团结。个体家庭的凝聚力之强使得联合家庭难以为继。宗族比联合家庭人数更多，成员关系更为疏远，其存续也更加困难。

安全阀

人们普遍认为，每个文化都会从生活于其中的部分个体身上选择并强调某些心理学的内驱力（psychological drive）和潜能（potentiality），同时消除或抑制其他内驱力和潜能。这种选择和强调体现在文化模式中。现有研究对不同文化模式做了大量观察，[1] 但结论均未覆盖文化选择、强调或消除、抑制的内驱力和潜能的全部范围及其本质。[2]

如果我们能够掌握所有内驱力和潜能的范围及其本质的决定性证据，那么人类学调查者的一些工作就可以大大简化。例如，他能通过比较文化需求和心理需求来明确文化力和心理力相冲突的可能区域。

由于缺乏决定性的心理学依据，我选取了另一种不甚精确的方式去明确部分冲突。首先，确定一些文化模式的基本取向。接着，找到一些习俗和情境，它们虽与基本取向相反，但作为该文化模式的一部分在后者中平稳运作。无论这些习俗和情境以这种方式运作于何处，我推断它们都对应着某些得到间接满

---

1 参见 Ruth Benedict, *Patterns of Culture*, New York, 1934; Margaret Mead, *Sex and Temperament in Three Primitive Societies*, New York, 1935; Ralph Linton, *The Study of Man*, New York, 1936。

2 参见 Otto Klineberg, *Social Psychology*, New York, 1940, pp. 55-165 的讨论和 Gordon W. Allport, *Personality*, New York, 1937, chap iv。

足的心理需求。它们使得文化模式避免因内在冲突而走向崩溃，就这一意义而言，我把这些次要的习俗和情境称为"安全阀"（safety valve）。

第一个安全阀存在于父母权威模式中。西镇文化要求男子自懂事起就要尽可能地顺从父母，尤其是父亲；质疑父亲的才智或决定，属于不当行为；做父亲所愿之事，毫不考虑自己的感受，才是良好行为；人们不认可任何独立行为；做任何让父亲烦扰的事情都是罪恶。换言之，他终其一生都要随时准备好取悦父亲、赞同父亲、竭尽所能服侍父亲。进一步来说，只要父亲健在，儿子在社会意义上就仍未成年。

父母权威模式的基本取向是，父母在世时儿子几乎没有机会主张自我。无论是否同意阿尔弗雷德·阿德勒（Alfred Adler）所说的自信（self-assertiveness）乃首要之事，我们可观察到的事实是，西镇的父母权威模式与同宅分家习俗并存，后者极大削弱了父母的权威地位，这与该模式的基本要求相悖。这让我们想起（见第五章），西镇人虽然不鼓励分家，但也视其为不可避免之事。在此习俗下，儿子一旦娶妻或是生子，大家庭便要在房屋、日常饮食、财产或公产收入方面进行分割，但关涉宗教事务以及与宗族和外界的社会关系时，大家庭仍保持一体。

分家最重要的结果是决策实权从父亲处移交给了儿子们。在这方面，可观察到的行为具备多样性。有些案例中的父亲比儿子们更能干，将权力保留在手中；有户段姓人家，儿子们分别是同一屋檐下各个个体家庭的家主，但老父亲有力地阻止了他们沉迷赌博。也有些案例中的父亲能力逊于儿子们，便将权力放手给他们；儿子们在一些要事上可能会咨询父亲，父亲尚保留着表面权威，但儿子们行动自由，毫不受限。前文所提的

Ch 家符合此模式。这两种极端情况之间，还有许多中间形态的父子关系。

由此来看，尽管父母权威十分强大，但仍留有成年个体不服从权威的余地。这类个体可以不破坏现存体系且在其中占据一席之地。因此，在一个强调父亲对儿子享有终身权威的文化模式中，同宅分家的习俗起到了安全阀的作用。它的存在表明，个体的自我主张倾向可以对抗过度的父母权威。

第二个安全阀存在于男女有别的文化模式中。这种文化告诉男性：大丈夫不会在公共场合对任何女人表示亲密，此中包括他的妻子；人生的首要责任在于侍奉父母；如果母亲和妻子争吵，他别无选择，必须站在母亲一方指责妻子；如果不顺从父母，他可能不得不与妻子离婚；必须全心全意地**爱**父母，无微不至，但对待妻子必须严厉，使她顺从。

这种文化告诫女性：吸引男性是非自然的；事实上这是最恶劣的罪行，因为这种吸引等同于性过错，而性过错会毁人一生；性吸引是可耻的，即使是对丈夫而言；在公共场合避免与丈夫亲密交谈才是遵守妇道；首要责任是孝敬公婆，如果不得不在服侍丈夫和侍奉公婆之间取舍，必须以老人为先；婚前须顺从父母，婚后须顺从公婆和丈夫。

此文化模式的基本取向是，虽然并不禁止生理上的性满足，但取消一切可能的性意识，且不允许所有次生情感（secondary expression），诸如通常和性有关的温柔体贴、互相占有等。虽然没有证据表明这些关于性的次生情感必然伴随夫妻关系而存在，但我们必须注意到，这种文化模式的基本取向同样没有贯彻到底。

首先，同宅分家在此也起到了安全阀的作用，因为它缓和了对夫妻关系的严厉限制。一个大家庭的若干个体家庭在生活起居、吃穿用度上互相独立，显然相较于其他家庭模式，人们在夫妻亲密上享有更大空间。

经济因素在这种关系中更为重要。总体上来说，穷人家庭的夫妻关系难以符合文化理想。当然，此处没有美国人所理解的那种夫妻亲密的公开表达，但是这类家庭的夫妻关系无疑比父子关系或婆媳关系更为紧密。原因很简单。首先，穷人家庭中的夫妻二人都不得不辛勤劳动，这意味着丈夫和妻子经常要为同一件事情齐心协力。但在富人家庭，妻子和镇上的所有女性一样辛劳，而丈夫则完全无须干活。

其次，穷人和富人对待妻子亦有不同。虽然我们不知道西镇的妻子们如何看待丈夫关心母亲当胜过体贴妻子的观念，但可以观察到她们行为的多样性。有些妻子一声不吭地接受了社会指定的位置。有些妻子采取各种方式进行反抗。她可能挑起一场口角，和丈夫公然争吵。丈夫可能会动手打她，但这并不意味着解决了争端。她可能会故意不给丈夫洗衣做饭以示拒绝与之配合，如果她实在气不过，也可能会回娘家。有些极端情况下，妻子甚至会自杀。考虑到父母总是不在乎把女儿嫁给穷苦人家，并且嫁女儿对于不富裕的家庭来说，在任何情况下都是一个严肃的经济问题，我们就应该不难想见女性的武器对她们丈夫的效力，以及对社会所认可的夫妻模式的影响。

富裕家庭的男性的生活环境有所不同。他不会在个人事务上如此依赖妻子。如果妻子出走或者自杀，他可以轻易再娶一房。此外，他还能纳妾。

结果，往往是富有的男性严格遵守男女有别的文化模式，而贫穷的男性迫于实情，不得不相反行事。这表明，至少在一部分人中，男女有别的文化模式会被更强的夫妻亲密倾向所抵消。

第三个可能的安全阀是对形式（form）的重视。儿子对父母的责任若是极其严格地执行起来，是十分沉重的。这意味着不仅要完全服从老人的权威，而且必要时为了父母的舒适，还要牺牲自己和妻儿。这意味着老人稍有抱恙，儿子就要完全停止工作，衣不解带，无微不至地照顾父母。换言之，无论儿子如何为父母牺牲都不为过。无怪乎行为能完全合乎孝道标准的人寥寥无几。既然如此，大部分人是否因此而内心有愧？完全不是如此。形式的重要性以两种方式实现。首先，大部分父母都不愿对外人承认他们的儿子不尽责。这是父子一体模式的一部分。事实上，他们喜欢夸耀子女孝顺。其次，父母在世时，儿子可能无法尽孝，但他们能通过为父母风光大葬来消解愧疚之情，还能为自己赚得好名声。尽管没人会承认，但对社区而言，厚葬和如期祭祀远比家宅四墙之内的悲欢来得更切实可见，因而通常作为西镇人互相评判的标准。形式的重要性正是这样使得孝顺的义务更易被接受。

形式的重要性还有助于缓解性方面的难题。如前所述，儿媳生育之后，婆婆再怀孕就会被视为可耻。婚姻中性关系的目的在于延续香火。一旦这个功能完成，夫妻之间再无任何借口继续性关系。意外情况可以通过流产进行调节，从而避免社会所不喜的结果。一旦人们公开表态已采取正确手段，谴责也就会随之停息。

半影中

至此，我们已经讨论了适用于社区中正常成员行为和生活的文化。依照前述章节所用术语，这些人完全处在祖荫之下。然而，还有一些人出于生理原因、社会原因或者意外，不幸无法正常生活。在西镇，这群人可以被描述为处在"半影中"（in the penumbra）。[1]

通常，儿子对父母的责任和父母对儿子的职责均恰如其分以使双方都能获得满足。但那些老来无子的夫妇和失怙失恃的年幼孩子情况如何？他们的命运显然十分悲惨。社区中的每个人都对他们报以同情，但仅此而已。没有子嗣的夫妇在尚有机会的时候会想方设法提高他们的生育可能。若家中富庶，丈夫就会纳妾。当尝试了一切生子的办法都徒劳无功，如果家中有女，招个赘婿则是稳妥之策。不得已的办法是从丈夫的兄弟或者远亲那里过继一个儿子。所有与我讨论过此事的报告人都觉得，继子无法跟亲儿子相比。他们往往更忠于自己的亲生父母。他们很可能忤逆不孝又不听管教。老去的养父母迟早只能无助地看着继子日渐独立，分得他们的财产后便无法无天。丈夫的兄弟或者堂亲的儿子知道，无论是否尽心照顾两位老人，他自身最终都会得到这对夫妇的财产。如果这对不幸的夫妇同时还十分穷困，境况就更是凄惨。他们甚至无法收养一个儿子。

在此情况下，不育女性的生活要比她的丈夫更岌岌可危。首先，她可能要鼓励丈夫纳妾。小妾入门后，妻子的地位就好坏难言了。丈夫若是良善还会体贴她。最糟糕的是，小妾自私善妒，而丈夫不再关心半老徐娘，如此一来，她在家中便无立足之地。

1　我采纳了拉尔夫·林顿教授的建议，使用"半影"这个词语。根据《韦氏通用词典》，"半影"指绘画中光和影的边界，在天文学中指不透明物体遮挡发光体的光线形成的介于完全的亮光和彻底的阴影之间的局部阴影。

虽然不育妇女的生活可能光景惨淡，但也远胜于丧夫的年轻女性。只有当我们考虑到这类女性的生活，才能理解为何妻子要鼓励丈夫纳妾。因为寡妇的出路在儿子身上，如果没有儿子就寄望于赘婿。招婿上门，她至少还和女儿血脉相连。最为悲惨的境况是不得不以丈夫的兄弟或者其他父系近亲属的儿子为继嗣的寡妇。z 的情况就是一个很好的实例。她 23 岁时出嫁，新婚三个月后丈夫就去日本了。一年以后丈夫在日本过世，她连遗体都没见到。这个家庭很富有，于是她没有改嫁，过继了丈夫兄长的次子。我调研时，z 已经 37 岁了，继子 19 岁，在昆明上中学。表面上一切无恙，但令 z 心碎的是，她从未享受过一个母亲应有的情感满足，甚至连形式上的尊重都没有。继子回家时从不叫她妈妈，也不和她同吃同住。他直接回到自己的亲生母亲那里，完全无视 z。但 z 和这个孩子都明白，无论他待她多恶劣，都只能由他来继承她丈夫的那份财产。民国法律规定个人有权自由指定财产继承人，但西镇的习俗是无后死者的财产要留给他兄弟的儿子（过继的情况），或者他所有兄弟的所有儿子（没有过继的情况）。在西镇，习俗才是决定因素。我认为这解释了为何尽管寡妇过继养子并守寡，相比于改嫁，在社会上更光彩，但许多寡妇还是选择改嫁，就算寡妇再嫁总是遭到乡里的谴责。

早年丧亲甚至父母双亡的孩子境遇更为糟糕。如果孩子母亲过世，他的生活将格外不安稳，会有两种可能。如果父亲没有再娶，他就由祖母、未出嫁的姑姑、姐姐或者嫂嫂养育。可能除了祖母，这些人里没有人愿意花太多精力照料这个孩子，他常常只能自己照顾自己。当嫂嫂生育子女后，这个没有母亲的孩子会受百般歧视。

如果父亲再娶，这个孩子就会被交给继母抚养，他所要经历的就更为悲惨。继母照管的孩子通常是人们同情的对象。在最好的情况下，继母会善待他。更常见的情况是，她会厌弃并虐待他。当她生养一两个自己的孩子后，前妻的孩子无疑要受到冷遇。所有西镇报告人都告诉我，继母养的孩子，往好了说也是度日艰难。

另一些身处半影中的人是穷苦人家里为换取食物被父母卖掉的女儿，或者家境不差却在男女之事上行为不端的女孩。前者有时候卖身为婢，通常是卖身为妾；后者有的嫁作人妻，也有的委身做妾。纳妾是一项被广泛接受的习俗，但没人会想当妾。人们对做妾如此厌恶，以至于哪怕是最穷的人，要是有人公开建议他把女儿送走当妾，他也会暴怒。镇上所有的妾室都来自偏远的外地。人们普遍认为妾室的娘家与丈夫的家庭几乎没有任何社会关系。

小妾可能会有两种受折磨的情况。如果她的丈夫强势且宠爱她，正妻又不特别善妒，这个小妾的生活会很滋润。正如前文指出，她甚至可能让正妻受冷遇，自己成为家里的女主人。如果她的丈夫没有这么强势，或更糟，丈夫懦弱惧内且正妻善妒严苛，那么这个小妾将会活在人间地狱中。正妻会把她当奴隶一样对待，而她也没有父母的保护做靠山。

受折磨的第二种来源是不能生育子嗣。如果丈夫很富有，那么他就会纳更多的妾，很快这个不能生育的小妾就完全被遗忘了。当然，如果进门时，她的丈夫已经生育子嗣，情况就会不一样，她受宠的时间可能更长。即便如此，小妾如果没有子嗣，她的后半生也将过得很悲惨。因为小妾比较年轻，通常会比丈夫活得久。丈夫过世后，正妻或其他小妾的儿子不会照看她。如果这一世系已有子嗣继承香火，小妾就没有资格收养孩子。这意味着她只能孤独终老，祖先祭台上也没有她的位置。

据我所知，西镇没有婢女，但附近地区有，而她们的生活足以让任何不幸的女子都不寒而栗。这些命途多舛的姑娘完全任由当家太太以及少爷小姐摆布，但他们往往像对待动物一样对待她们，以作践她们为乐。她们唯一的出路就是偷偷逃跑。但即使她们成功逃出火坑，生活仍然不尽如人意。她们被卖的时候还是孩子。买主通常住在远离她们家乡的地方。这些姑娘早就和父母彻底失联，甚至连回家的路都不知道。她们懵懂、不识字，也不会去报警。至少直到几年前，警察都不把这类奴役视作违法行为。报警的可能结果是她们被抓回原主人那里，且更受虐待。最常见的逃跑方式是跟着一个偶然遇见、许诺要与她结婚的男人离开。但这个许诺要娶她的男人往往会把她卖给新主人，或者卖到其他地方的妓院，自己独占卖身钱。

还有一些半影中的人是未婚者。由于个体的角色在于作为大家庭连续体的一环，不娶或不嫁的人就会丧失社会性（socially lost）。未嫁者尤其如此，因为婚姻就是女性生活的全部。在调查期间，西镇有不少鳏夫和寡妇，但没有老姑娘和老光棍。单身汉可以离开西镇，去别地闯荡。但一位女子若是错过生育年龄，就会永远失去结婚的机会。她的最好出路或是寄身于庙宇，或是成为在家的算命女先生或神婆。她将终日念经、祭祀神灵。因为贞洁，她可能会成为一名高明巫医，很有可能实现长生不老。

有趣的是，尽管有灵性上的优势（spiritual advantage），但我从未听说社区里有女子选择这一特殊的人生道路。这进一步有力证明，虽然人们进行诸多祭祀仪式、降神活动，且十分重视死后的生活，但是西镇人的基本取向仍限于在世，而非彼世。他们认为在社会世界（social world）正确行事，自然会在神灵世界享有合适位置。

我认为对半影中的个体的分析促进了我们了解西镇文化的本质。正如前文指出，有充分的证据表明，男性之间有强烈欲望进行竞争和获得成功，女性在有限的范围内亦如是。我们可以看到，除非个体首先在家庭组织中获得应有地位，否则他就不能获得完全成功。事实上，在家中无一席之地的个体，连竞争的资格都没有。此外，一个人的生活质量可能没有达到美国人所谓的"好"，但他只要父母俱在，下有子嗣，便十分满足。一个人若在亲属关系结构中有合适位置，生活在互有权责的亲属成员当中，那么如谚语所言，他就有资本"进可攻，退可守"。同样，对于许多有生理或心理障碍的人来说，虽然残疾阻碍了他们获得个人成就并带来了苦痛，在这一意义上，他们是不幸的，但这些人身上并不一定贴着不容于世（social dissatisfaction）的标签。只要他们能够在亲属关系结构中融入合适范畴里，就会与人结婚并得到照料，尽管他们履行某些义务的能力可能极其有限。

真正悲惨的个体在亲属关系结构中没有位置，或没有生活在亲属关系结构正常发挥功能所必需的成员之中，无论这是基于自身的过失还是不可控的外界因素。这样的人将完全受决定其命运之人的支配。失去母亲的孩子可能有幸遇到一位仁慈善良的继母。没有子嗣的寡妇可能收养了一个孝顺的孩子。然而，这个失恃的孩子和无嗣的寡妇也有可能分别遇到自私刻薄的继母和忘恩负义的养子——此时，他们的命运将痛苦不堪。其他半影中的人亦是如此。理论上，简单的替换或取代原则可以解决问题。继母替代过世的母亲；养子替代未出生的亲子；小妾仅补充妻子的部分功能；诸如此类。然而实际上，社会安排得如此有序，以至于个体幸福几乎完全依赖亲属关系结构中的固定资源，而对于在亲属关系结构中没有合适位置的人来说，几乎没有什么社会压力要求改善他们的命运。因此，半影中的人完全依赖人类天性中的怜悯。但当利己主义遇上社会控制的缺席，人性中占主导的通常是冲动、偏见和自私。

可以看到，女性在半影中的生活要比男性艰难许多。男性除非在婴儿时期就落入无情继母手中，或者老而无子，其余困难均可克服。他们致力于改善自身境遇时，所受到的限制也远小于女性。此外，正如前文所示，女性落入半影的情况也比男性更多。

第十章

文化与人格

至此，我们可能会问：这种文化对个体人格来说意味着什么？

这是一个复杂的问题。我们可以基于外显行为（overt behavior）做一些推论。为此，必须要用到第一章给出的两个概念：基本人格结构和身份人格结构。基本人格结构是特定文化下整个社会的共同特征；身份人格结构则是在拥有特定文化的社会内部，与某个在社会意义上有明确边界的团体相关联。[1]

关于人格形成有一个长久但尚未解决的问题：遗传和文化，何者更重要？至少目前来说，即便不低估威廉·谢尔顿（William Sheldon）等人的研究所蕴含的巨大潜能，拉尔夫·林顿对该问题的解释也似乎才是唯一可行的。除了"在社会成员具有同质化遗传的小型社会中（这类社会不能排除生理因素对其中多数成员的心理潜能的影响），文化都必须被看作是建立各种社会中的基本人格类型的主导因素，文化还建立了作为每个

1　Ralph Linton, *The Cultural Background of Personality*, New York, 1945, pp. 128–130. 这两个概念和其他两位学者所提出的人格的"集体成分"（communal component）和"角色成分"（role component）相似。（参见 C. Kluckhohn and O. Mowrer, "Culture and Personality, a Conceptual Scheme," *American Anthropologist*, vol.46, 1944, pp. 1–29。）

社会典型特征的一系列身份人格"。[1]

权威与竞争

在西镇文化中，影响人格发展的两个显著要素是权威与竞争。

在所有文化中，婴儿基本由成人照管养育。因此，我们可以说所有婴儿都受某种权威的支配。但权威的范围和强度，以及行使权威的方式各不相同。在西镇，母亲（有时是其他女性亲属）密切照看着婴儿的一举一动，在婴儿需要的时候随时喂养他。父亲实际上和婴儿的早期养育无关，但随着孩子日渐成长，父亲作为严明规矩的角色就变得愈发重要。

父亲的权威对男孩和女孩的作用各不相同。父亲与儿子的训诫关系（disciplinary relationship）是直接的；父亲管教女儿则需要由母亲代理。如果母亲约束不了女儿，或者女儿犯下通奸等丑闻，父亲才会立刻采取直接的惩戒手段。

西镇文化的权威与其他文化的权威之区别在于，前者尽管强势且广泛，但绝非单方面的命令-服从模式。事实上，父子之间互有义务、权力平衡，因而对父子关系的最佳描述是"父子一体"。因为父权不仅源于在世父母，而且来自历代祖先，以祖先之名来表达，并在显赫祖先的训导和成就中强化。父权并不止于孩子长大成人之前，只要父亲在世，便对儿子具有权威。在世的父亲是祖先的代理人。他去世后，就变成祖先中的一位，但仍是掌控年轻人生活的最有力因素。这个年轻人随之取代其

---

[1]　Ralph Linton, *The Cultural Background of Personality*, New York, 1945, pp. 145–146.

父在大家庭连续体中的位置。

因此，儿子处在祖先的权威之下；父亲亦如此。儿子不能任意妄为；父亲亦是。并且，这种父子一体的模式使得父子二人不仅在物质方面，而且在社会层面，都互相依赖，乃至在父亲亡后情形也不变。

塑造人格的首要因素是祖先权威。个体对祖先权威的依赖程度越高，他这一生就适应得越好。支配个体的祖先权威为他预先安排好了生活和工作的所有方面，包括婚姻和生计。个体在每个节点都被限定在这个预先安排好的框架之内。

父子一体模式并不反对竞争，而是鼓励竞争。因为每个个体都可以通过个人成就增添与发扬祖先权威。竞争的动力不仅存身于对财富的占有，还体现在讲究仪式、光宗耀祖、展现社会认可的美德和权力，以及通常意义上获得成功的各种方式之中。竞争不仅发生在不同宗族之间、同宗族的不同世系之间，也发生在同世系的不同家庭之间、家庭内的不同成员之间。这就是西镇没有强大宗族组织的主要原因。因此，尽管理论上所有宗族成员都能从一块"好的"宗族墓地中受益，但涉及落葬自己父母时，竞争就缩小成争夺最好墓园之内的最佳风水宝地。

但人们竞争的对象，都在父母权威和祖先传统界定的框架之内。只要个体的雄心勃勃在这个框架内，那么社会就都鼓励他们去超越别人。胜利者成为幸运儿，失败者沦为不幸之人。在这一点上有个显而易见的矛盾。失败者将反省祖先的行为，而祖先也将因他们的失败而蒙羞。受到影响的可能是整个宗族的祖先或单一世系的直系祖先。从陌生人的角度来看，有些家庭的悲惨贫苦事关整个宗族的祖先。但在宗族成员的立场上，这可能仅仅牵涉这一特定世系的直系祖先。

祖荫下的失败者是不幸之人，但祖荫之外，亦即半影中的人处境更为糟糕。一切取决于个体在祖荫之下抑或祖荫之外。西镇文化中不幸者所承受的不安，远胜于当代美国文化中不幸个体的。他们完全被其亲属替代者的喜怒哀乐所支配，也正是亲人的缺位使他们陷入半影中。这种不安全感强化了努力竞争好超越他人的动机。

权威与竞争这两种行为模式清晰地体现在西镇宗教中。我已经展示了一个复杂的神灵等级体系，以及祖先之魂在其中的位置。并且我也指明，这一广泛的神灵等级体系与政府机器相对应，祖先灵魂的等级体系与家庭和亲属关系组织相契合。

在这种神灵等级体系的管辖下，灵魂无论地位高低，都受制于权威-服从和竞争此等在世模式。根据传统框架的界定，幸运的灵魂和不幸的灵魂截然不同；而在传统所限定的上升阶梯中，我们无疑也能看到通过奋争获得个人救赎的迹象。生前愈是行善积德，死后子嗣为其烧纸、做法事、念经愈多，灵魂的命运就愈好。

基本人格结构

文化究竟如何影响基本人格规范（basic personality norm）？就外显行为而言，基本人格的首要特征是对权威的公然服从态度。对一名西镇人来说，成长过程中面临的选择和风险都很少。除了跟随父亲、父亲的父亲乃至远祖的步伐，别无他途。沿着既定道路，生活惬意安稳；其他任何道路都会导向痛苦和自毁。西镇人往往能敏锐地意识到正统的必要性。他常为偏离既定道路的一切事情忧虑不安。

在社会认可的架构内，在光宗耀祖的驱使下，个人表现出获取成功的强烈动力。这是基本人格的第二个突出特征。没有什么比认为西镇人相信宿命论更为荒诞。尽管西镇人谈论命运和宿命论，但仅当这种信念正好便利时，人们才会相信。普通的西镇人并不比一边向上帝祈祷一边枕戈待旦的早期美国人更相信宿命论。对早期的美国人而言，上帝只是一种安慰。对西镇人而言，命运的功用亦如此，它是克服失败所致的挫折感的良好机制。而且，和所有中国人一样，西镇人也区分"终身运势"（lifelong fate）和"一时运气"（periodic fate）。前者是个体一生的命运。后者是一段特定时间内的命运，因为个体可能一时好运、一时坏运。当所有迹象都表明时运不佳，这个人必须保持谨慎，避免做出重大交易或要紧决策，直到不久后否极泰来。

通常来说，这名普通的西镇人不会被这些说法约束，无论何时他都会尽其所能地解决难题、提高自身社会经济地位。即使算命先生告知他，根据终身运势注定失败，甚至他也已遭受诸多挫折，但他仍会积极行动，例如安抚神明、行善积德。病重垂危是最突出的例子。只要病人尚有一口气，而且家中经济允许，人们就会不遗余力地寻医问药、求神问卜。只有当所有方法都徒然无用，病人最终去世，家人们才会相信"药能治病，不能医命"。

这就是为何我们必须说明，尽管西镇人注重仪式、神明和彼世存在，但他们的人生取向本质上是在世的、积极的。对他们而言，阴间仅是阳世的必要补充。

然而这种不懈的奋斗仅局限在传统界定的范围内。奋斗过程和最终目标都在这个框架之内。财富是所有西镇男性追求的目标。但即使在镇上经营洗衣店能够赚钱，他也不会这么做，因为洗衣是女人的工作，经营洗衣店会有失他的尊严。生意兴隆也是目标之一。如果家庭经济每况愈下，家主虽然会采纳合理的经营建议，但也会让风水先生查看祖宅和墓地位置。如果恰逢家中有葬礼，他可能会舍弃旧址，选择"风水"更好的新墓地。

人人皆追求声望。西镇人树立声望的方式不仅包括获取财富和权力，还有为当地祈神会、隆重的葬礼和其他仪式豪掷千金，修建高大但空置的家宅、宽阔醒目的墓园，以及展示祖先荣耀等。

以上所分析的两种特征——服从权威、竞争高位，奠定了西镇的基本人格结构。此两者并不相互冲突，而是彼此强化并相互融合。事实上，竞争起于家宅之内。兄弟之间不是在各自的赛道上争先恐后，而是就父亲的偏爱你争我夺。

在此基础上，一些行为特征就不难理解了。第一个特征是西镇人偏好深藏功与名。普通的西镇人渴望与镇上其他人竞争，获得成功后显摆其独有之物，但赢得竞赛的人不欲彰显个人名号和优秀能力。他更愿意强调功绩属于父母和祖先，或将之归功于命运，不是一时运气眷顾便是终身运势使然。展示自己拥有别人所没有之物，会使得他人十分尴尬；将功劳归于父母、祖先和命运则可避免此种尴尬，因为这假定了他的好运显然并非不幸者所能触及。

同样的道理，当这名普通的西镇人必须惩处某人或与某人为敌时，他更愿意以对方冒犯祖先、行为不检、有违孝道、破坏当地良俗的名义实施处罚或发起攻讦。这一偏好体现在所有行为当中，当一个人拒绝别人的请求时，他会以雇主不允为由，而不是说自己不能答应。当一个人拒绝某份工作时，他的理由不是自己不喜欢，而是父母不同意。

第二个特征，即过度炫耀，似乎和第一个特征有所矛盾。按理来说，被限制在传统框架内、乐于躲在祖荫庇护背后推卸责任的人们，好像不可能会有任何形式的过度。尽管如此，西镇人仍有许多显而易见的过度行为。人们不仅在婚丧嫁娶等仪式活动上出尽风头，在民居、墓地和宗祠里外雕龙画凤，在炫耀祖先的显赫功名等事上不辞辛劳，而且还常为此备感压力，不择手段，毫不算计经济。

"过度"这一特征并不难与服从权威、遵守规则的谨慎态度相协调。有两个因素在其中起作用。第一个因素是父母的过度监护，这阻碍了下一代发展经济远见，也是西镇上层人士奢靡成性、贪图安逸的主要原因。在美国文化中，儿童普遍自幼就有理财观念。他们会定期领到一笔零用钱，不得不量入为出。西镇儿童没有类似经历。父亲给多少就花多少，花完了再找父亲要。这样，父亲对孩子的权威就比以往任何时候都更加牢固了。幼年时期的态度一直延续到成年。固定预算绝无可能，因为他必须履行许多竞争性的社会义务。每个人都试图在传统意义上比别人更为引人瞩目些，直到无法负担为止。当不再有慈父奇迹般地将他从经济危机中解救出来时，他会习惯性地寻求他人帮助；因为权威和传统所支撑的目的无法改变，这些目的使一切手段都具有正当性。这也是铺张浪费和官员腐败的根源。

然而，西镇文化有两种习俗，至少在理论上弥补了经济远见的匮乏。其一是同宅分家，其二是重视贸易。

大多数家庭的多数成员协助或从事贸易、经营企业，从而锻炼了鉴别货币价值和理性计算的能力。年轻人或许没有完全意识到父母在奋斗过程中遭遇的所有困难，但他们也不至于对现实一无所知。他们在维系先祖所获成就一事上，或许足以胜任。

同宅分家习俗对基本人格形成影响更大。如果不分家，年轻人几乎没有机会实现经济独立、承担家庭之责。强调大家庭理想往往会推迟年轻人逐步脱离父母长辈的全面保护的时机。但在西镇文化中，贸易对年轻人走向独立的真正作用还有待进一步调查。在这一点上，我们不能忘记，富人的儿子并不从商，同宅分家的有效性可能会被无处不在的祖荫所削弱。

第二个因素是移置心理（the psychological effect of displacement）。现实中，移置心理可能暗含在各种类型的压迫和虐待中，例如虐待丫鬟婢女，[1] 或者惩罚私奔未遂的不幸女子，以及唾弃处在半影中或举目无亲之人。

移置心理的外在表现如下。儿子必须舍弃个人意愿，服从父亲权威。当他面对权威-服从关系中其他相似的权威者时，他也必须表示相同的服从。对此他没有怨言，因为将来会轮到别人服从他的权威。

女子必须从父、从夫、从姑（mother-in-law），夫死则从

1　这里有必要区分两种虐待类型。许多西方人经过观察后评论中国人麻木不仁（callousness）。但他们并没有区分故意虐待和由于对痛苦的忽视或习惯性漠视而导致的虐待。故意虐待，无论是对人类或动物，在今天的美国文化中都不会受到支持，除非一些种族对立十分严重的特殊地区。但由于对痛苦的忽视或习惯性漠视而导致的虐待在英美亦不罕见，正如在中国以及世界上许多无文字的地方一样普遍。英国人或美国人震惊于中国人面对受伤马匹的无动于衷及其手提活鸡的方式之残酷，但他们自己大概从来没有想过，狐狸被一群猎狗追击，或者鱼儿张口咬住了度假游客船边鱼钩时的痛苦。龙虾在世界各地都是被活活煮熟而后吃掉的。有趣的是，美国爱护动物协会（Society for the Prevention of Cruelty to Animals）甚至从未提及此类事情。协会的某些成员在度假时也许还是钓鱼专家。就目前而言，"压迫"和"虐待"两词指的大体上都是故意的行为。

子。她只能等到媳妇熬成婆，"把气出在"女儿或儿媳妇身上，或者碰巧碍着她的不相干的人身上。在西镇，男人之间很少动拳脚，但女人互抓头发、撒泼打滚、骑在对方身上却是稀松平常的事。人们看到丈夫打骂妻子，兄长责罚幼妹，会得出结论：西镇女子确是克恭克顺；由于在此情况下的无助态度和行为，她们理应获得同情。但如果这个"无助"的女子被外人激怒，无论男女，她都会勇敢反击，誓不罢休。这一现象并不奇怪；简而言之，这是女性发泄能量的唯一方式。女子斗殴事件的高发可能是因为她们对权威更顺从。男性抓住机会殴打一个私奔的不幸女子也是对类似心理刺激的反应。施加于这类女子身上的虐待之酷烈，完全体现了他们被深深压抑而无法正常发泄的欲望。

第三个特征与前两个密不可分，即没有能力创造或进入一条未曾尝试的新道路。这名普通的西镇人在生活中经历的不安全感相对较少，也从未被鼓励自行制订计划。他无须摸索自己的未来，也没有准备好适应新的形势。他绝对无法对现有体系发起一场严肃的挑战。如果现存体系崩溃，他仅会试图建立新的一系列框架，而该框架依然严格符合原有公认权威所规划的形式与原则。在传统框架内，个体的行为和工作最轻松不过；偏离这个框架，他在每个转折点都会茫然无措。具体地讲，在框架内，个体会根据环境表现出仁慈友善、慷慨大方，抑或暴虐无情、声色俱厉。在框架外，他只会变得茫然困惑、惊慌失措，并且极度渴望回到框架之内。换言之，个人在框架内相对容易调整；而他离开框架就会难以适应。他知道救济穷人、为抗疫祈神会捐资有其必要。他也能看到捐资修医院、建学校的重要性，只要上述举动能为他积善增福、提高社会声望。但他可能不明白还要提高识字率、改善公共卫生，因此他的慈善行为可能良效无多。

总之，在传统框架内，个体处在富足、幸运且安全之境；在框架外，他会变得窘迫、痛苦、悲惨和不安。西镇的教育使得个体的一言一行均依赖这一框架，显然只有异类（the eccentric）才会幻想着质疑或验证它。这一事实误导人们认为中国是个以中道为贵的国家。但正如以上分析所见，西镇人的行为并不符合中道原则。

身份人格结构

迄今为止，除少数特例外，我们所强调的基本人格结构的行为特征均适用于男性。身份人格结构的特征是什么？为了回答这一问题，首先有必要给出一份社区公认的"身份"简况。

西镇有六组通行的成对身份范畴：（1）长辈和晚辈；（2）男性和女性；（3）老者和少者；（4）富人和穷人；（5）大官和小吏；（6）官员、文人和平民、文盲。[1]

让我们考察一下这些群体的特征，就当前目的来说，这些特征可以合并为三大类。辈分和年龄分不开。辈分高者通常年龄大，虽然并不绝对，因为两代人之间一般有年龄差。辈分或年龄的核心是父子关系。不同辈分或不同年龄层之间的相对位置（relative position）基本是父子关系的变形。实际上，辈分和年龄是权威和服从的同义词。因此在二者相互关系中，辈分高者年纪大、有权威，辈分低者年纪小、更顺从。一人命令；

---

1 诚然，任何一个个体往往同时占据若干身份。例如，一个人可能同时是男性、长辈、老者、富人、官员，另一个人可能同时是男性、晚辈、老者、穷人和文盲。

另一人服从。在任何时候，长辈或老人的社会价值都比年轻人的高。无论是否真是如此，人们都认为长者比后生更有智慧、生活经验更丰富。

大部分精力旺盛的美国人害怕退休。美国男性的事业巅峰是他甫届中年之时；而后便开始衰减，价值亦日益下降，直到他明白或被迫接受自己已经完全出局。美国女性的转折点来得更早。

西镇人的情况与此不同。正如前面几章所应阐明的，在亲属关系结构中，个体价值与其年龄或辈分相称。除了半影中的人，个体在持续转变的过程中，安全感、声望和价值逐渐增强。在西镇文化中，儿子通过比父亲赚取更多财富、获得更高学历和官职来超过父亲。但由于父子联结，儿子的成就便是父亲的成就，并且关于辈分和年龄的习俗使父亲永远位居儿子之上。

从人格形成的角度来看，这一安排必将有重大结果。除了此等支配–服从模式，我们无以指明个体人格结构的典型特征，无论他们是长辈抑或晚辈、是老人还是年轻人。这不难解释。任何西镇人一生大部分时间同时既是长辈也是晚辈。有的美国人独居，不与父母孩子同住；但西镇人不同，通常和父母、叔婶、儿子儿媳，还有各个辈分的亲戚共居。因此在西镇，一个属于某一代际的个体，其人格中往往融合了各个代际的人格。老人和年轻人之间的差异，其图景多少也如此。

真正重要的身份人格差异一方面在于男性和女性之间，另一方面在于富人或地位高的人和穷人或地位低的人之间〔后者乃本节最初所提的（4）（5）（6）三点的合并〕。

我们可以看出，服从权威和鼓励竞争的文化模式不仅适用于男性，也适用于女性。女性和男性一样，必须服从父母、祖

先和传统的权威，但与之不同的是，她还必须服膺丈夫和其他
男性亲属的权威。女性和男性一样自由地表现出竞争欲望，但
两者的竞争目标不同。她的竞争对手可能是同房妾室，或者叔
伯之妻。女性的目标可能是商业成功，或者培养孩子的良好行
为。可以想见，女性的生活受限于家庭环境，她为提高生活地
位而奋斗的机会远比自己的丈夫更为有限。例如，男性的婚姻
成败只是一时运气；但对他的妻子而言，婚姻事关终身命运。
丈夫可以摆脱霉运，等到时来运转另觅佳偶；他的妻子则不得
不消极地自我放弃，接受人生注定的不幸。而且，随着时间推
移，年轻人会变老，儿子会成为父亲，穷人至少理论上也能变
成富人，但女人永远无法变成男人。

　　结果是，女性的人格结构呈现出两种不同特征。首先，女
性比男性更受命运限制。对男性而言，命运不过是暂时的安慰；
但对女性，命运往往是永久的庇护。这在一定程度上解释了为
什么西镇妇女比她们的丈夫儿子更热衷于敬神拜佛和其他神灵
事务。其次，女性的人格规范和男性没有明显区别。在西欧和
美国，至少在上流社会的观念中，女性的理想类型可以概括为
优雅而体贴的天使。她有独立见解，温婉可人，也许一看到血
就会晕倒，全身心投入爱情，时刻需要保护。她和丈夫、儿子
在人格上有性质差异，而非只是数量差别。

　　但西镇女性的人格结构与此不同，没有人会认为女性比男
性更感性或者女性拥有魔法般治愈男性创伤的品质。西镇人对
于托尔斯泰批评契诃夫的小说《宝贝儿》（*The Darling*）时所定
义的那种"完美女性"毫无概念：

　　　　这不仅在孩子的出生、养育和早期教育方面如此。男

人们不能做那种将人带到上帝身边的最崇高、最美好的工作——那就是爱,一种对所爱之物的完全奉献,而优秀的女人们在过去、现在和将来都做得那么出色、那么自然。如果女人没有这种能力,不去运用它,世界会变成什么样,我们男人会变成什么样?没有女医生、女电报员、女律师、女科学家、女作家,我们照样可以生活下去,但是没有了母亲、贤内助、女伙伴和安慰者,生活将充满遗憾,因为是她们在爱护男人身上一切美好品质且润物细无声地灌注、唤醒、鼓励这些美好品质。[1]

在西镇人看来,这种说法十分荒谬。西镇的男性甚至无法理解托尔斯泰如此渴求女性运用的那种独特能力是什么。社会期望西镇女性表现出和男性一样的一般人格特征（general personality characteristic）。男女之别和辈分差异、社会地位差别具有同等意义。男女在所从事的工作上有一定程度的不同,在声望上有巨大差别。男女在生理方面也有差异,这使得女性是仪式性的不洁之人。女子可能会像小气的男子或孩子一样抹眼泪、不讲理。这是西镇人所认可的男女之间在人格上的唯一差异。为有助理解,打个不完全恰当的比方,可以说在人格方面,女性被视为未长大且永远长不大的男性。

富人和穷人,或者说"胜者"和"败者"之间的人格结构差异在本质上更为明显。这一差异根植于整个家庭和社会组织之中。

为了理解这些差异,我们有必要简要回顾教育的目标和方

1　引自英译本 Constance Garnett, London, Chatto and Windus, 1927。

法。从第八章的表格可以一窥穷人和富人的教育目标在各个方面的差异。他们的生计训练几乎完全不同。富人行动的共同要素是优越感和支配感；显然这两者在穷人行动中均付之阙如。贫富两个身份群体的竞争目标不同，但旨在社会适应的教育目标相似。穷人行动是为获得一定程度的经济保障。而对于富人，安全感是理所当然的，他们行动旨在获取更大的权力、声望和祖先荣耀。因此，穷人在竞争中的基本取向是节约，富人则是炫耀性浪费。

尽管这些差异不容忽视，但教育方法中的某些因素更为重要。除了男孩效仿父亲、女孩模仿母亲以外，教育方式并无实质的性别差异。贫富之间亦是如此。一般而言，教育的手段有：（1）直接参与（观察、模仿和有意引导），（2）奖惩制度。男孩可以完全参与成年生活的所有领域，除了性方面。事实上，他们被鼓励尽早进入成年生活。

结果是，西镇富人的儿子和父亲一样有钱有势，穷人的儿子和父亲一样贫穷卑微。父子一体和大家庭理想要求老人和年轻人是完全的利益共同体。父子彼此共享一切。因此，父母穷困，就会鼓励孩子勤俭节约、努力工作；父母富有，就会促使孩子挥霍无度、坐享其成。事实上，富裕的父母认为孩子的安逸舒适一定程度上显明了自己的社会声望。这种想法可能是自觉的，也可能是无意识的。父子一体背后的心理机制与托斯丹·凡勃伦（Thorstein Veblen）指出的欧美文化中夫妻之间的心理机制并无不同。[1] 正是基于这些考虑，西镇文化中的一个明显矛盾才能得到理解。我们可能会问，为什么西镇儿童往往要严格服从权威，

1　*The Theory of the Leisure Class*, New York, 1899.

饮食习惯却从不受限？

答案有两层：第一点，西镇的父母原则上很少操心孩子的饮食，但孩子的饮食自由会由于现实的必然性而大大受限。富裕的孩子可能终日饱食，而贫苦的孩子须得勒紧腰带。甚至母乳也会因为营养不良而大大减少。从这个角度看，大部分西镇儿童虽不受父母干涉，但显然不得不在食物限制中成长。

更重要的是第二点，西镇的父母不仅对孩子的饮食习惯放任不管，柴米不愁的人家还为孩子能随意吃喝而欣喜。在儿童的消费方面亦是如此。

因此，尽管我力图证明节俭和勤奋具有内在价值；但其实勤俭只是迫于境况不佳的必要之恶。

在大多数社会中，包括欧美国家，穷人和富人的目标不同。以当代美国为例，大部分富有的美国工业家和商业家并不在乎祖先荣耀，他们多关心声望、出名和权力，穷人则为生存而挣扎。但美国人培养孩子的方式与西镇人大相径庭，主要差别在于西镇人强调儿童直接参与，甚至鼓励他们全面参与成人生活，美国人虽然不排斥直接参与，但期望孩子的成长限于童年范畴，逐渐参与成人生活。相比于中国富人的儿子，美国富豪之子的资源更为有限。父子一体和大家庭理想的缺失让大多数美国年轻人很早就意识到他们要为自己所求之物而工作。相反，西镇富人的儿子可以任意使用父辈的一切资源。事实上，富有的父亲常为能让儿子无须劳作而十分自豪。如果年轻人陷于困境，父亲也会尽其所能帮助一事无成的儿子。无论涉及任何问题，只要在能力范围内，他通常都会对儿子予以支持。

我毫不怀疑有些富裕的美国父母会在自己公司给儿子提供"轻松"的工作并对其表达溺爱，但似乎更多美国父母会要求他们的儿子接受严格训练，无论其社会地位如何。

出于上述原因，西镇有钱有势的富家子弟往往年纪轻轻便颇有权势，财力不菲。财富和权力充分发挥了腐化青年的作用。即使年轻人不是自愿受环境影响，但周边之人往往会因其父亲的财富权势而偏爱他们，继而影响他们的想法。财富和权力即使掌握在凭借勤劳诚实、正直谦逊而发迹的成年人手里，如果长期不加节制也会有所危害。把它们交到不曾工作过一天、衣来伸手饭来张口的年轻人手中又是何等危险！

因此，同一文化模式下既有强韧的父子联结，又有大家庭理想，二者在祖荫之下整合起来，两种不同的人格结构就此形成。穷人的儿子继承父母吃苦耐劳的品行、学会诚实勤勉。富人的儿子享受父母的权力和荣耀，在人生伊始就坚信自己注定会发号施令、游刃有余，永远称心如意。

穷人、地位低者与富人、地位高者的身份人格结构无疑有显著差异。这些差异往往在家庭年轻成员崛起后的一两代中更为明显。穷人身份群体的人格结构倾向于顺从、谨慎、理性、节俭、务实、勤奋和真诚。富人身份群体的人格结构倾向于虚荣、冷漠、放纵、冲动、不务实、奢侈、不负责任、虚伪、缺乏经济头脑和常识。

这个分类应当附加一些限定条件。首先，确切划分这两种身份人格结构极其困难，因为严格区分西镇的贫富、贵贱并无可能。在行为的两极之间还有大量中间类型。其次，我们难以断言**每个**归于某个确切群体的个体一定就有该特定身份群体的一般人格结构。少数人就其社会经济地位而言无疑属于某个身份群体，却表现出另一个身份群体的基本人格特征。最后，穷人和地位低者表现出他们身份群体的人格特征，并非出于自豪，而是迫不得已。一朝飞黄腾达，他们的儿子或者至少他们的孙子就会倾向于表现出另一个身份群体的人格特征，而且没有人会去教导年轻人不应如此。

在我看来，这两种身份群体的人格结构的差异，很好地解释了为什么家族命运往往在两三代人内起起落落。穷人家吃苦耐劳的孩子可能无法立刻让家庭兴旺，但至少使之具备这种可能性。富人家逍遥自在的孩子可能不会立刻导致家族衰败，但他们的寄生生活大概就是滑坡的开始。

普遍经商和同宅分家的习俗可能对富人身份群体的人格特征产生有益影响，因而至少可以合理预期西镇大家庭的命运将比中国其他地方的大家庭更为长久。然而，就我的调查而言，我尚未发现这种乐观主义的明确证据。在首富的四大家族中，仅有一家的儿子看起来就算不能有所发展，起码也能维持现状。其他两家的儿子表现出常见的陋习。第四家还未呈现出整体形势。在这些家族之外，我还能举出若干破落子弟，其家族上数两代在西镇仍属名流。

小 结

在前述章节中，我试图描述和分析西镇文化对人格形成和发展的普遍影响。

简而言之，西镇文化最基本的要素是紧密的父子联结模式，以父母权威和子女孝顺为特征。其他家内关系和亲属关系结构都以此为基本参照点。与（1）父子联结共存的是其他五个互相关联的基本行为模式：（2）男女有别，（3）大家庭理想，（4）老成教育，（5）强调生者和已故亲属的团结（祖先崇拜），（6）同辈同性平等。

（1）（2）（3）（4）（5）的特征是"权威"。第六个基本行
为模式的特征是"竞争"。权威强调身份差异。竞争强调身份
平等。竞争受到父母、祖先和传统的权威的严格限制。权威的
各个来源相互吻合、彼此强化，从不冲突。它们为竞争的手段
和目标提供基础和限制。在此文化中，竞争者如同赛马场上的
骑师；为了赢得胜利获得荣誉，他们必须沿着既定轨道向同一
个目标前进。一旦沿着其他岔路或朝向不同方向就意味着彻底
失败。

处在半影中的人的安全感缺失，特权、声望和权力所展现
的不同身份间的差异，以及社会结构在一段较长时期内的流动
性，都加强了竞争的动力。

在家庭和亲属团体之外，权威和竞争在以下社会群体中也
有同等效力：（1）官僚体系的各级官员，（2）富人和穷人，（3）文
人和文盲。竞争是层次相近者，即文人间、文盲间、层级接近
的政府官员间等的人际关系的特征。在此，竞争从根本上受到
前述的权威来源的限制。它们限制竞争的手段和目标，与其在
家庭和亲属关系结构中的作用相同。地位低下者的安全感缺失、
身份地位的差异、社会结构在一段较长时期内的流动性都再次
强化了竞争的动力。

服从祖先权威，在祖先权威给定的框架内竞争，是西镇的
基本人格类型中的最重要因素。然而，这一基本人格类型以不
同的方式存在于不同的身份群体之中。有鉴于此，我们可以划
分出四种身份人格类型：（1）男性；（2）女性；（3）富人（或文
人或高官）；（4）穷人（或文盲或身份低微者）。

基本人格类型同样适用于男性和女性。但女性比男性更受

权威支配，她永远无法达到与男性平等的地位。她在付出努力和竞争目标上，也比男性受到更多限制。女性比男性更受制于命运。

其他两种身份人格类型的差异影响更为深远。同样，基本人格类型大致适用于两者。但富人和身居高位者更依赖权威，而穷人和身份低微者在上述权威界定的框架内竞争动力更强。富人对儿子放任自流，任其奢侈铺张、逍遥自在，穷人则教育儿子勤勉节俭、精打细算。事实上，这可能极少是有意的教导。每个身份群体中的年轻人都仅分有他们长辈的生活。

因此，尽管权威和竞争均适用于这两个群体，但最终结果截然不同。富人的孩子往往陋习满身，并终将导致家运衰落，穷人的孩子则会被培养出锐意进取的品质，这于生存拼搏来说不可或缺。

在我看来，这些身份人格差异是家族兴衰循环的根源。它们至少也是朝代兴亡循环的部分原因。迄今为止，社会科学家认为朝代的衰落和两个因素有关：官僚寄生性扩张和人口过剩。在不弱化其重要性的同时，我们仍不难发现，贤明的统治者能够控制人口过剩的影响，使得国祚绵延，而不务正业、挥霍无度的统治者则会导致王朝加速覆灭。当一个王朝经历几代昏君之后，崩塌也就成为必然。

第十一章

更广阔的中国

我们并没有假设西镇文化与中国其他地方的文化别无二致。前述章节已提到西镇文化的一些特性和中国其他地方的相迥异，尽管我们对后者的了解也较为有限，但来自西镇之外更广阔田野的资料或可证实我们在此观察到的人格结构。这些人格结构也大致适用于我研究的另一个云南社区南村（South Village），且同样适用于我出生长大的东北，还有上海、北平、太原等许多大城市以及我曾学习、工作、游历过的一些落后地区。

最有意思的确证出现在两本最近出版的自传和一部古典小说中。这两本传记分别是《汉家女》(*A Daughter of Han*)[1] 和中国著名的"基督将军"所写的《我的生活》[2]。这部古典小说的标题是"官场现形记"[3]。

这位"汉家女"出生在一个贫寒的小市民之家，一生都在穷困中挣扎。她靠给官员和传教士当仆人养家糊口，书中用生动的语言描述了主人家的生活。"基督将军"生于草莽，大半

1　《汉家女》是一位中国劳动妇女的自传，由艾达·普鲁伊特（Ida Pruitt）记录并翻译，Yale University Press，1945。

2　冯玉祥，《我的生活》，天津，1945。

3　一部古典通俗小说，写于 19 世纪末。

生都在不断奋斗，开始是一名士兵，后来当上了低级军官。在人生的最初阶段，他始终和贫苦村民打成一片，反抗腐败奢靡、玩忽职守的上级官僚。古典小说则将许多或光彩或可耻的故事编织在一起，描写了文人学士、各级职官如何稳固自身地位，如何升官发财。

我们可以从这三部作品的人物行动中看到"富人"类型和"穷人"类型的人格结构。富人类型的人格结构的特征不仅体现在中国官僚的身上，就连来华生活多年、雇佣"汉家女"的传教士也显露出类似特征，且十分引以为豪。这三部作品还都表现出对女性的轻视，以及对欧美文化中常导致男性彼此争斗的浪漫女性人格观念的完全漠不关心。

同时，回顾这三部作品，以及过去三十年我在中国不同地区的观察和经验，我相信，目前确立的范畴仅是廓清问题的开始。更深入的调查，或许能区分出更多的人格结构。甚至现在，我们也能推测出一些其他的人格结构。

我们将已界定的"穷人"人格称为 1 型，"富人"人格称为 2 型。1 型人格结构分布在中国大部分小农、匠人、小商贩和其他城市手工业者身上。2 型人格结构则出现在文人和父辈靠权势致富的子弟身上。[1] 在帝制时期，2 型主要出现在皇亲国戚和高官显贵中。皇室后代往往成长于宫廷宠姬和宦官之中，后两者非常急于展现乃至炫耀主子威势来取悦前者。朝廷高官、封疆大吏、将军们以及地位略低者的子嗣，无论是帝制时期还是自民

1　这里需要进一步解释一下。在资本主义社会中，例如美国，财富通过生产活动、商业和工业经营获得。财富是权力的基础。在中国这样的社会中，工业和商业活动利润微薄，仅能维持基本生计。无论过去还是现在，获取财富的主要方式是当上大官。一旦得势，人们就能损公肥私。权力就这样成为财富的来源。

国以来，都是在父辈的副官和护卫中长大，如同长于深宫宠姬与宦官之手的皇嗣。这些王孙贵胄不只表现出西镇"富人"的人格特征。由于出生在更加有钱有势的家庭，他们的行为所造成的灾难性后果往往更为严重和广泛。人们通常认为，在同等条件下，身居高位者更有可能行善或为恶。

除了 1 型和 2 型，还有许多其他人格类型，需要更深入的调查才能明确它们的定义。有一种人格结构可以暂时称其为 3 型。具有 3 型人格结构的人通常父辈家底深厚，且这些做父亲的一心盼望子嗣能守住家业。有些父亲会故意鼓励儿子吸食鸦片，以此来把他们留在家中。成长在这种环境中的儿子倾向于表现出 1 型的某些特征，顺从、谨慎，但和 1 型的人不同的是，他们不一定勤奋、节俭、明理和真诚。事实上，其中大部分人没有能力也无意愿工作。他们还倾向于表现出 2 型的某些特点，虚伪，甚至放荡，但和 2 型的人仍有不同，尤其在社会和法律问题上，3 型的人比较务实。例如，许多有官府后台或有野心的人会在诉讼或其他报复手段上不计后果地投入以胜过对手，而 3 型的人更可能会意识到非必要时树敌之危险，便自此罢手。

4 型人格结构常是父辈有钱有势之人，却没有显示出 2 型的特征。相反，他们非常聪慧、理性、真诚、勤奋、有远见、积极进取。其中有些人成了伟大领导者。最佳例子之一便是毅勇侯曾国藩及其后人。曾国藩是平定 19 世纪中叶太平天国运动的主要功臣。他权势颇大，财富可观。其子在外交事务上贡献卓著，其孙在当今教育和社会福利领域也是名人。

与之相反的是 5 型人格。这种人的父亲贫穷，可能是一名勤快的农民或者工匠，但他自己却没有 1 型的人格特征。而是表现出美国文化所熟知的那种烂酒鬼和老赌棍特质。"汉家女"

的丈夫便是一个典型例子。[1] 他贫弱低贱，不足以败坏一个国家，但可以轻而易举摧毁自己的家庭。汉家女的丈夫不仅无力养家，还偷走了妻子赚的所有钱。他不但不教育子女，反而卖掉亲生女儿偿还赌债。换言之，他表现出很多类似 2 型的人格特征。

表 10　中国可能存在的人格结构

类型	社会来源	特征	数量排序
1	父亲贫穷、地位低	顺从、谨慎、务实、理性、勤奋、简朴、真诚	1（绝大部分中国人）
2	父亲有钱有势、地位高	虚荣、过分重名、冷漠、放荡、鲁莽、不务实、缺乏经济头脑和常识、奢侈、不负责任、虚伪、好炫耀	3
3	父亲富有，但官职不高	顺从、谨慎、可能懒惰、虚伪、放荡，在社会和法律问题上务实，但在经济方面不务实	2
4	父亲有钱有势、地位高	理性、真诚、勤奋、有远见、积极进取	5
5	父亲贫穷、地位低，但可能十分辛勤	懒惰、颓废、不务实、缺乏经济头脑和常识、不负责任、虚伪	4

产生 4 型和 5 型人格的确切机制此时尚不清晰。遗传可能起了关键作用。然而据我所知，曾国藩不仅信奉克己之道，还坚持躬身教谕子弟。他与子孙的往来书信已连缀成集，成为杰出的现代经典，不仅因为其文学价值，也因为其中所体行并娓

1　*The Daughter of Han*, op. cit.

娓而谈的道理。[1]

关于 5 型人格，有趣的是，我所接触的来自中国各地村镇的人们都意识到了宠溺孩子的危害。他们讲了无数父母遭殃的传闻逸事。下面这条谚语在中国北方地区流传甚广：

　　惯子如杀子。

曾国藩的子孙成才是否当归功于他的躬身监管，穷人家的孩子是否因为父母过于纵溺而一事无成，这些问题尚待研究。就常识而言，各个案例体现的关联合乎情理。

从中国整体人口总量来看，近似 1 型的人占绝大多数。相对来说，近似其他类型的人较少。在这些少数群体中，3 型的人数可能最多；接着是 2 型；5 型的人数比 2 型、3 型的少，而 4 型的人数最少。1 型、3 型、5 型出现在普罗大众中，2 型和 4 型则常见于统治者。

显然在这种情况下，三个有利特点抵消了或者至少缓解了 2 型、3 型和 5 型人格的部分恶劣后果。第一个特点是中国绝大多数人的人格结构近似 1 型。第二个特点是统治者之中偶有 4 型人格。第三个特点是，相比在产生 1 型人格的家庭中，在产生 2 型、3 型、4 型人格家庭中的女子更受管控和约束。[2] 结果是，财

1　我们可以通过《曾国藩家书》，将他在子孙教育上所花的心血和《红楼梦》中贾政对其子宝玉的教育进行比较。贾政也同样奉行克己之道。他的儿子非常惧怕他，以至于父子每次相见时宝玉都吓得发抖。但实际上除了一些特殊的场合，贾政几乎不和儿子沟通。有一次贾宝玉的"放荡"行为导致一位丫鬟自尽，贾政回家后命人将宝玉打到半死。其他大部分时候，宝玉都一如既往与他的堂表姐妹、同性朋友和许多丫鬟厮混，不受约束。
2　这是因为志向高远的家庭比其他家庭更注重传统的外在表现。

富和权势对女孩的败坏效应就算不是完全没有，也比对男孩的来得弱。因此，各个阶层的女性人格结构都趋向稳定，且更接近1型，而非其他类型。

我们必须再次指出，这里假定的五种人格结构都是大家庭理想之下父子一体的产物。就目前研究来看，它们之间的差异取决于三个因素：财富和权势在很大程度上决定了1型和2型之间的差别；至少从表面上看，教育是4型和5型相差别的原因。第一种差别表明，如果家庭教育的方式不变革，仅仅增长国家经济财富并不可取，因为这会增加2型人格的占比。然而，第二种差别表明，如果我们推论正确，即使在同样的父子一体和大家庭理想之下，更严格、更密切的父母管教至少能避免后代陷入2型和5型人格。但这样的结合很难实现，因为在有钱有势的情况下，严格的纪律和管教，与父子一体和大家庭理想所内禀的基本重点相违背。所有父亲都望子成龙。但几乎没有身居高位的父亲会认为儿子应远离自己的财富和权势；他也难以接受别人看待自己儿子时没有充分意识到他的财富和权势。根据社会习俗，这是看轻了他的儿子，而轻视其子无异于轻视其父。因此，位高权重的父亲在担心被轻视的同时，就忘记或忽略了财富和权势对年轻一代的腐蚀。正因如此，4型人格的代表人物相当稀少。

随着与西方世界的接触以及民国的建立，一些新因素开始发挥作用。就目前主题而言，有些新因素的重要性尚待考察，但可以对此做些一般评论。首先，旧科举制度已废除。在帝制时代，尽管进士（须通过乡试、会试、殿试）不能直接担任官职，但拥有这类功名绝对是当官，尤其是入阁登坛的先决条件，而后者对家庭以及其他群体来说犹如支票。科举制度既已废除，取而代之的提拔和贬黜标准却不甚明确。一位权势赫赫的部长可以让他的女儿掌控一间核心国有银行的管理实权，一位割据一省的军阀可以为儿子提供所有他期望的官职。这在民国以前绝无可能。

　　就此而论，我们可能会认为高门权势持续不息。但事实上，从历时 20 年的《中国名人录》(*Who's Who in China*)[1] 来看，鲜有证据支持这一预期。当然，20 年还是太短了。而且《中国名人录》所收录的大部分人物仅仅是政府官员和教育家。它可能遗漏了其他领域的杰出人士。[2] 但可能更重要的原因是，尽管父辈鼓励、给予一切可能的机会，2 型人格结构的个体终会发现，一旦他的父亲（即他的无条件支持者）成为过去时，自身便难以为继。我认为这导致过去 30 年中，很少有军阀之子的功绩或恶名达到其父亲的程度，尽管大部分的军阀都有当皇帝的野心。

　　其次，家庭行为的变化或其变化的可能性。就目前讨论而言，最重要的几条是：大家庭理想、父子一体和性别不平等。在这三方面，家庭行为的变化对受教育者和富裕阶层的影响比对其他人的要更大。

　　关于大家庭理想的变化已有诸多著作加以论述，我在其他地方也已做讨论，现有证据表明这种变化更多的是口头偏好而非实际变革。虽然一些资料显示学生不满老派文化的强调重点，

1　由《密勒氏评论报》(*China Weekly Review*) 出版，上海，1915—1936 年。

2　从前，绝大部分有抱负的人都力求读书当官。其余众多职业在声望和报酬上都无法望其项背。官僚和其他职业的薪酬对比，参见 F. L. K. Hsu, "A Closer View of China's Problems," *Far Eastern Quarterly*, November–December, 1946, pp. 50–57。由于中国工业的有限增长和与西方进行产品贸易的现代商业的大规模发展，一个新兴的中产阶级已经诞生，他们有自己的结构和尊严。在帝制时代，高官子嗣会成为官员，或者在家当长衫闲人。过去几十年中，虽然数量不多，但已有文士或具有官僚背景的人开始从事商业、银行业或者工业活动。

但所有调查都表明，如今无论在城市还是乡野，在更为富裕且可能受过良好教育的阶层中，其家庭体量基本上仍大于其他阶层的。调查结果还表明在绝大多数群体中，由父母和未婚儿女、两房或多房儿子儿媳及其孩子，乃至四代五代同堂而组成的联合家庭类型仍十分流行。[1]

父子关系的变化更为剧烈。有充分证据表明，父子关系倾向于弱化权威和服从，更加强调陪伴和亲密。尚需调查的是，在不严重影响大家庭理想的情况下，父子关系能发生多大变化。目前几乎没有证据表明由来已久的父子一体模式已经发生显著改变。

但两性关系的变化为父子一体增加了一项新要素。性别不平等在诸多方面都不再受到人们普遍认可。在当代中国法律面前，男性和受过教育能诉诸法律的女性实际上是平等的。婚姻能否自由选择变成了代际最尖锐也是社会最普遍公认的矛盾。在当今中国家庭中，受过教育的妻子开始获得对丈夫和儿子的权威，并对他们施以影响。[2]确切证据表明，设若一名父亲想要成为儿子的亲密伙伴，他同样也会和女儿分享类似的亲密和陪

---

1 F. L. K. Hsu, "The Changing Chinese Family," in Ruth N. Anshen, ed., *The Role of the Family in Contemporary Society*, New York, Harper and Brothers, 1948. Science of Culture Series, Vol. V.

2 查阅 1945—1946 年间天津出版的《中南报》，我发现父母干涉婚姻选择是青年男女写给编辑的信中最常见的主题。朗女士发现，在受调查的 482 个男学生和 428 个女学生中，只有 2 位男性和 3 位女性回答说他们会让父母包办婚姻（Olga Lang, *Chinese Family and Society*, New Haven, Yale University Press, 1946, p. 288）。但她也发现，"许多父母即使在……相对进步的［现代］圈子中仍然坚持旧有的特权，并且……不是所有的孩子都会为自己的权利而斗争"（*ibid.*, pp. 122–124）。书中还有一些关于受过良好教育的现代妻子的地位得到改善的数据（*ibid.*, pp. 212–214）。

伴。[1] 上述情况，再加上夫妻关系有确切的变化倾向这一事实，共同意味着传统父子一体关系的扩展。至少暂时来说，"一体"可能包括女儿甚至妻子。

这会引起一种情况，有些女性的父亲或者丈夫凭权势而发家致富后，她们开始展现出近似 2 型的人格特征，偶尔是 4 型的人格特征。当女性获得更多自由和活动空间，她们施害和行善的可能都更胜以往。[2]

我的田野调查和作为调查结果的整本书都没有采用心理学方法，所依赖的仅仅是我作为一个人类学家所受的社会观察训练以及常识。鉴于缺乏研究深层心理的方法，在此尝试讨论的人格和文化的相互关系必然相对浅显而简单。若能在田野调查中使用诸如罗夏墨迹测验（the Rorschach Test）等方法，本研究或许可以更进一步，结论也能更为笃定。奥伯霍尔泽（Oberholzer）和哈洛韦尔（Hallowell）的作品是这一方法的有力证明。[3]

因此，本书应该看作是一次探索尝试，我们期待在这片处女地上会有更深入广阔的研究。

1　对于这一点，朗女士得出了一些有趣的观点（参见 Olga Lang, *Chinese Family and Society*, New Haven, Yale University Press, 1946, pp. 300, 309）。她的表14显示，在所有受调查的男女大学生中，质疑父母权威的人数实际上和服从父母权威的人数相等。朗女士在处理表13时没有按照寻常的排列方式。尽管如此，它还是表明，在现代化的父子关系中，陪伴和亲密相较于其在传统的父子关系中有所增长。

2　当然，不能由此错误地认为性别不平等是件好事。这种观点如同提议我们只有回到穴居人时代才能获得和平和幸福。

3　对此出色的总结和阐述见 A. Irving Hallowell, "The Research Technique in the Study of Personality and Culture," *American Anthropologist*, XLVII (April–June, 1945), pp. 195–210。

三户住宅的分布情况

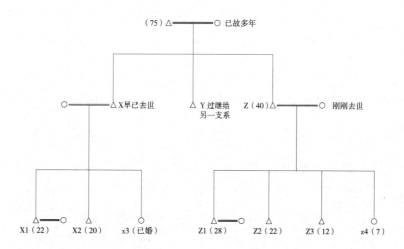

图 21　C 家

第一个例子是 C 家住宅。

在 C 家，老父亲（75 岁）住在 1B1。X 的遗孀住在二楼的
D 屋，也就是 1B2 屋所对着的楼上。X1 和妻子住在 1B2。X2
在家的时候和母亲住在 D 屋。Z 通常待在昆明；他妻子亡故前，
夫妻俩住在 2B1。Z1 和妻子住在 2B2。z4 住在 Z1 及其妻子的
屋里。Z3 和 X 的遗孀同住。x3 结婚前和她的祖父住在同一间房
里，当时在 1B2。X1 结婚前则是和母亲住在 1B1。他成家后，

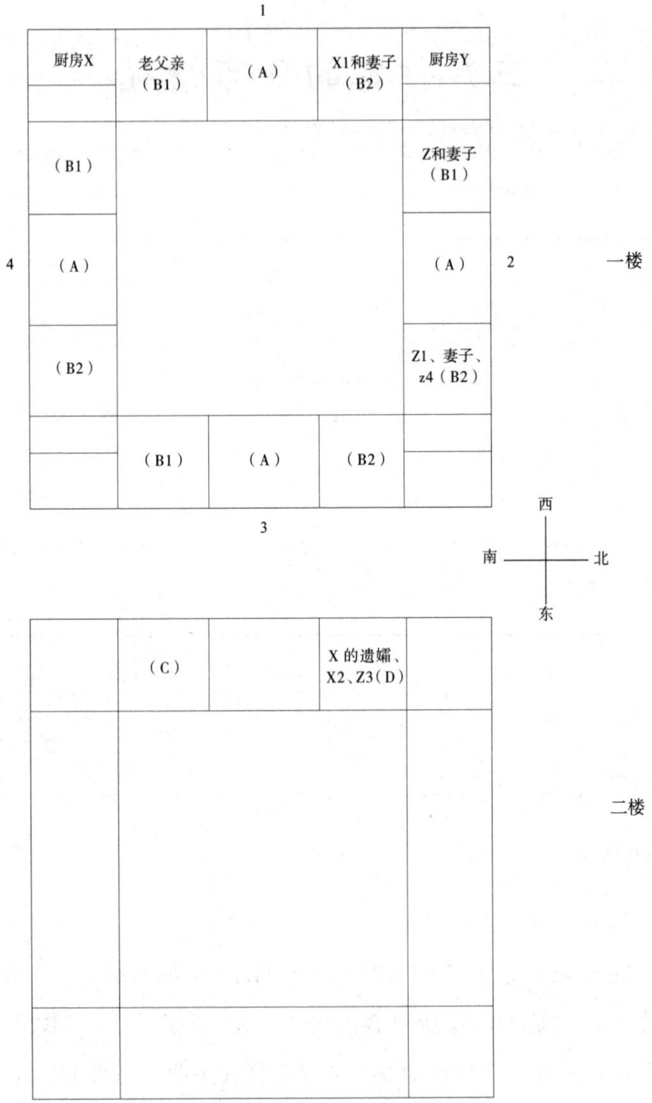

图 22　C 宅

此图和图 24、26 中的房间标记分别与图 4、5、6 中同一位置的房间标记对应。

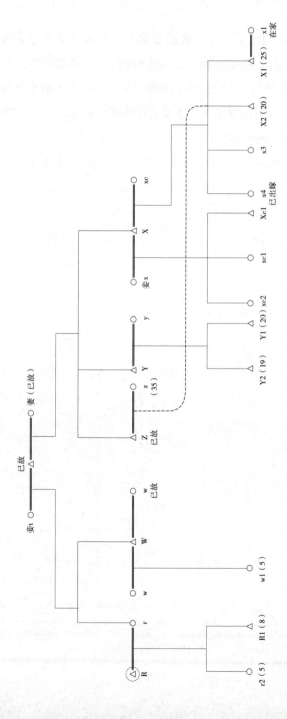

图 23　Y 家

R 与 r 分居。X 与妾 x 及其三个孩子 xc1、xc2 和 Xc1 住在昆明。Y2 在内迁的大学读书；Y1 在军队服役，位置不明。W 和 w 住在昆明。X2 过继给了 Z，在昆明一所学校读书。X1 在重庆工作。

他的母亲就从 1B1 换到了二楼的 D 屋，于是祖父就从原来的 1B2 搬到了 1B1。祖父之所以从 1B2 搬到 1B1，是因为他的卧室不能位于儿媳妇（X 的遗孀）的卧室下方。所有 Z 房成员共用厨房 Y，X 房则用厨房 X。全家共用厕所，但 X 的孩子们拥有其中一个猪圈的使用权，另一个属于 Z 及其子女。

　　3 排和 4 排的房间通常空置着，在我调查期间它们出租给了

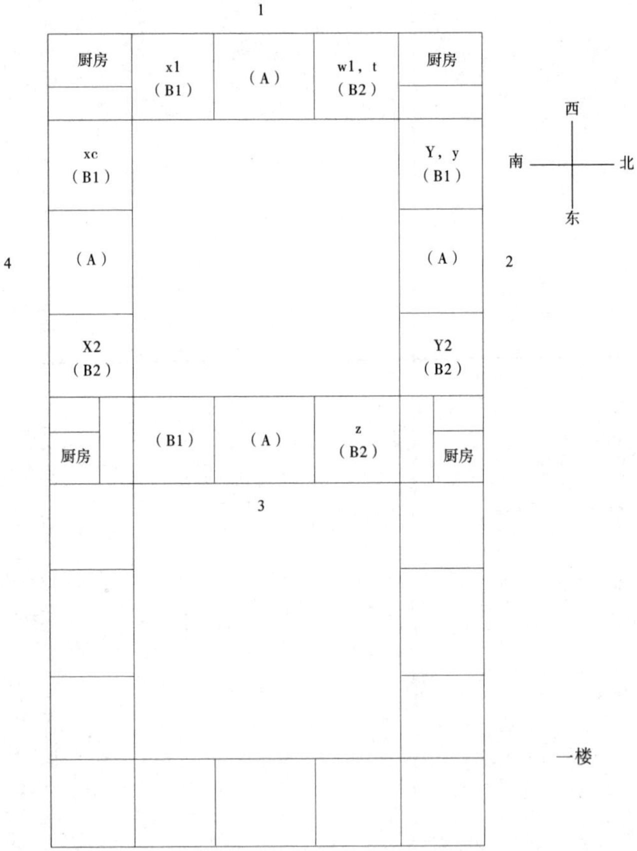

图 24　Y 宅

r，R^1 和 r2 睡在厨房上方，4B1 和 1B1 之间的小房间。

1　结合图 23 图注及下文说明，疑为 R1。——编者注

房客。

第二个例子是 Y 家住宅。

Y 宅的外院有三排房间通常空置着，在我调查期间它们出租给了房客。xc 的卧室在 4B1。她的小儿子 X2，虽然过继给了 z 到 Z 房，但他从学校回家时住在 4B2。

1A 房上方是供所有家庭成员祭拜的家庭神龛。神龛右侧有两架织布机，r 和 t 整日在此织布，补贴部分家用。r 和 t 在 t 的卧室还有一架织布机。二楼的其他排的房间主要用于储藏，常常无人打理。3B1 和 3A 也空置着。r、R1 和 r2 住在厨房上方的房间，位于 1B1 和 4B1 之间。

第三个例子是 Ch 家住宅。这家住宅较小。

Ch 家有三个儿子。二儿子 Y 娶了一位缅甸妻子，他和妻子、

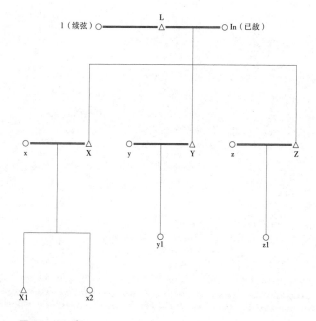

图 25　Ch 家

女儿定居在缅甸的曼德勒。其余两兄弟各住家宅一侧，长兄 X
住在有家庭神龛的西侧，Z 住另一侧。家中商定等 Y 和妻子回
来，再把南边一侧盖起来。在住宅平面图上 X 和 L 分别出现了
两次，这是因为虽然他们和各自妻子有一个房间，但并不共寝，
父子俩更愿意一起住在二楼的单人间。这一习俗不仅在西镇，
在整个云南农村都十分盛行。

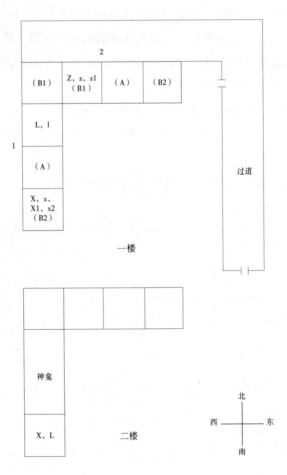

图 26　Ch 宅

纳妾的案例

表 11　妻子未生育后嗣的五个案例

C. S. Y.	妻子无子。曾在汉口和香港经商，去过北平。妾来自保山，沿缅甸公路往西南方走出 300 公里左右即达的一个小镇。妾生有三个儿子，曾陪同丈夫前去汉口和香港。
M. T. T.	妻子无子。年约 45 岁，妾约 20 岁。妾反感丈夫，和其他男子通奸。不久她和丈夫离异去了昆明，留下了两个儿子。
M. T. T. 的堂兄弟	妻子无子。妾生有一子。
Li	现已去世。妻子无子。妾生有一儿一女。
Y. C. Y.	年约 40 岁。妻子没有生育，所以他纳了一妾，之后被妻子赶出宾川老家。妻子掌握了老家的全部财产。家里在西镇有一栋大宅。Y. C. Y. 以经商为生。妾也尚未生育子嗣（已婚后数年）。他同我说，因为尚无子嗣所以他无法到西镇外大规模发展生意，必须待在家中专心生子。

表 12　妻子已育一子或多子的六个案例

C. S. Y. 的兄弟	妻子生育了两个或是三个儿子，妾生有一个儿子。近来他和妻、妾共住在昆明。
Y	现已去世。妻子（已故）生育了三个儿子。妾（仍在世）生育了一个儿子和一个女儿。
Y 的儿子	在昆明经营店铺。妻子生育了两个儿子和两个女儿，均已成家。妾与丈夫住在昆明，至今已生育一个儿子和两个女儿。妾年纪尚轻。

C. N. T.	西镇首富之一。妻子生有一子，其子已婚且富有。妾与儿媳年纪相仿，已生育两个孩子。
Ya	年73岁。第一任妻子（现已故）生育了四个儿子和三个女儿，均已成家且生儿育女。第二任妻子（已离异，原因不详）生有一女，女儿招婿上门，两人均住在家中。据说，几年前老人曾去保山与当地一位寡妇秘密同居。他的儿子们十分忧虑。老人便要求儿子们找个女孩。他们就从保山给他买了一个妾，成婚时年仅16岁，现已生有一女。
Li, T. T.	年约45岁，一度十分富有。现在以烟草生意为生。妻子38岁，生有一儿二女。儿子17岁。儿子和一个女儿均已订婚。妾尚未生育，是西南边的柯街镇人。妻儿们住一幢房子，他和妾住在另一幢房子。

家庭人口和分布

表 13

家户		分家后的家庭	
规模	数量	规模	数量
2	2	1	1
3	1	2	6
4	2	3	6
5	5	4	10
6	6	5	15
7	4	6	16
8	2	7	7
9	3	8	3
10	4	9	4
11	2	10	2
12	3	11	1
13	2	12	1
14	1	394	72
16	1		
17	1		
21	1		
23	1		
32	1		
394	42		
平均规模为每户 9.38 人		平均规模为每户 5.47 人	

附录四

关于显赫家庭的一项研究

下表包括姜亮夫《历代人物年里碑传综表》列出的所有人，含 30 个姓氏。其中包括五个中国最为常见的家族姓氏，它们涵盖人数最多，约占书中人物总数（3787 人）的三分之一，其中又有 76%，即 2897 人的籍贯已知。以下两张表格揭示了一些令人惊讶的事实。

第一张表格的第 3 栏列出了任意出生地相同且两人或多人间年龄相差要么小于 15 岁要么大于 60 岁的人数。例如，李璜和李典均生于钜野。但前者生于 1109 年，后者生于 174 年。

该表的第 5 栏表示仅有同姓关系的人数。每个人出生地皆不同。

就我们的现有主题而言，表格的第 4 栏是最重要的。这一栏列出了出生地相同且年龄差在 15—60 岁之间的人数。例如，李鸿瑞生于 1761 年，死于 1818 年；而李彦章生于 1794 年，死于 1836 年。两人皆生于侯官，鉴于我们的研究目的，可认为两人为直系亲属（假定两人是父子或祖孙关系）。在涉及两人以上时，情况略有变化。例如，李良金生于 722 年。李佐生于 730

1　书中出现了一些日期错误、重复以及重要疏漏。我在制表过程中已尽可能进行修正，但并不彻底。此材料只用于参考。

表14　基于年龄和出生地的名人关系

氏族	1 在册名人人数	2 出生地已知的人数	2 出生地已知的人数占比（第2栏/第1栏）	3 同出生地，但年龄差在15—60岁之间的人数	3 同出生地，但年龄差在15—60岁之间的人数占比（第3栏/第2栏）	4 同出生地，但年龄差在15—60岁之间的人数	4 同出生地，但年龄差在15—60岁之间的人数占比（第4栏/第2栏）	5 出生地不同的人数	5 出生地不同的人数占比（第5栏/第2栏）
李	481	332	69.0	92	27.7	72	21.6	168	50.0
王	540	439	81.0	113	25.0	161	36.6	165	37.0
张	408	322	80.0	93	28.5	70	21.5	162	50.0
赵	157	157	100.0	42	26.6	45	28.7	70	44.5
吴	191	113	40.0	23	20.0	2	1.8	88	78.0
谢	44	35	79.5	1	2.8	13	37.0	21	60.0
文	33	27	81.8	15	55.5	12	44.0	0	0
黄	131	110	84.0	21	19.0	31	28.0	58	52.7
许	35	27	77.0	6	22.0	0	0	21	77.7
魏	53	44	83.0	2	4.5	20	45.0	22	50.0
董	37	27	72.9	5	18.5	10	37.0	12	44.0
何	69	56	81.0	6	10.7	19	33.9	31	55.0

姓									
翁	76	68	89.5	17	25.0	29	42.6	22	32.0
唐	64	43	67.0	2	4.6	6	14.0	35	81.0
丁	38	25	65.8	1	4.0	6	24.0	18	72.0
孔	41	31	75.6	4	12.9	23	74.0	4	12.9
孙	116	88	75.9	15	17.0	21	23.9	52	59.0
徐	154	122	79.0	28	22.9	33	27.0	61	50.0
朱	133	98	73.7	25	25.5	30	30.6	43	43.9
宋	80	41	51.0	9	21.9	5	12.0	27	65.9
高	90	56	62.0	14	25.0	12	21.4	30	53.5
鲁	99	81	81.8	24	29.6	33	40.7	24	29.6
沈	89	76	85.0	9	11.8	43	56.5	24	31.5
康	19	15	78.9	2	13.0	4	26.6	9	60.0
梁	57	40	70.0	9	22.5	7	17.5	24	60.0
崔	62	45	72.5	9	20.0	12	26.6	24	53.0
古	71	57	80.0	18	31.5	23	40.0	16	28.0
方	53	41	77.0	5	12.0	21	51.0	15	36.5
郭	70	49	70.0	8	16.0	9	18.0	32	65.0
陈	296	229	77.0	74	31.9	56	24.5	100	43.6
总计	3787	2897	76.0	693	24.0	816	28.0	1378	48.0

年。他们的出生时间相差不到 15 年，因此二人应该不是直系亲属关系。然而与之同样出身陇西还有另外四人，其中一人生于 668 年（李无虑），另一人生于 767 年（李元素）。李良金不可能是李佐的父亲，但他们二人中的任何一人都可能是李无虑的儿子或李元素的父亲。出于这一原因，尽管李良金和李佐出生相差不到 15 年，但仍同属这一栏。

显然，这些家族中的确实是父子或祖孙关系的卓越人物没有第 4 栏列出的那么多。即使将此考虑在内并在其他疑虑（例如，甚至出生地相同、年龄差在 15—60 岁之间的两个人也不一定是直系亲属）面前姑且信其为真，第 4 栏的人数也非常之少，仅占有出生地记载的总人数的 28%。

第二张表格进一步表明家族能在多大程度上延续其显赫地位。每个家族姓氏后面的数字表示在这每个家族中这种持续性状况出现的次数。例如，"王"姓后的数字"24"表明在所有王氏名人中，有 24 例两人年龄差在 15—60 岁之间。至于三人的情况，年龄差将会比 15—60 岁这一区间的跨度更大。例如，下一栏中的"13"意味着三人互相是直系亲属的共有 13 例，但任何一个三人组年龄差距都可能位于 15—60 岁的区间内或超出这一范围。一个实例有助于澄清这点。王又曾（1706 年），王复（1747 年）和王昶（1760 年）是 13 例中的一例；王晏球（868 年），王处讷（900 年）和王熙元（961 年）也是 13 例中的一例。可以看到，第一个三人组年龄差在 15—60 岁的范围内，第二个三人组年龄差在 15—60 岁的范围外。但由于王晏球和王处讷年龄差小于 60 岁，王处讷和王熙元年龄差也小于 60 岁[1]，所以可以将他们三人视为直系关系。

---

1 原文如此，实则依据括注年份计算二人年龄差为 61 岁。——编者注

结果十分明晰又令人惊讶。在绝大多数这些案例中，仅有两三例被发现在年龄上具有这一关系。按照目前实验所采用的定义，这意味着全部 30 个家族中，家族显赫持续不过两代，最多三代，都是衰败之后又再兴盛。在吴氏家族中，我们发现仅有一例，其家族显赫持续至两代。许氏家族的名人均无直系关系。王氏家族有一明显例外。在这个案例中，有一家族显赫延续了近 500 年（第一位生于 185 年，卒于 269 年；最后一位，即第 39 位，生于 645 年，卒于 728 年）。

以上事实已证实了我们的观点，即在绝大多数家族中，地位显赫持续不过两代或三代。但尚有一严峻的挑战。在过去的 1000 多年里，获得重要地位的中国人的数目一定远超过姜教授所提供的总数，也一定有许多人声名不足以列入本书，但其成就如斯亦不足以作为整个家族衰落之证据。从这一点来看，表中所列数据并不能证明家族兴旺不可长久持续这一说法。我们通过对以下地方志（县志）的分析可以反驳这一观点：鄞县、镇海、慈溪、定海（均位于浙江省），丹徒、江阴（均位于江苏省），南皮（位于河北省）。许多地区都保留有地方志。若当地某人突然扬名，地方文人通常会重新编写修撰地方志。厚的有半百或上百卷，薄的仅有十几卷。这些地方志除了记载地方的历史之外，无一例外还囊括了过去 1000 多年来当地名人的传记。有的仅给跻身仕途的本地人立传；有的除了职官传记外，还对虽然没有考取功名，但却孝悌忠义、大公无私的人和文人雅士立传。许多时候，有些人尽管属于同一家族的不同世代，但都足够杰出可以单独立传。所有没有专传却又在一定程度上闻名乡里的人，都会在他们的亲属（如父亲、儿子或兄弟）的传记中占一定篇幅。对这些地方志的分析揭示了声望地位在直系关

表 15　连续显赫的情况

宗族 \ 个体	2	3	4	5	6	7	8	9	10	11	12	14	39
王	24	13	1	1	3		1						1
李	15	7	1	1	2								
张	17	5	1	2		1							
赵	9	2	2	1			1						
吴	1												
翁	4	3			2								
谢	1									1			
唐	3												
许	0												
魏	8	2			1								
何	6	1	1										
童	2	2											
文											1		

陈	11	5	2	1	1			1
孔	1	4	1	1				
徐	9	5						
孙	5	1				1		
丁	3							
朱	8	3	1	1				
康	2							
沈	4	4	1	1				
郭	3	1						
方	4	1	1	1	1			
古	6	1						
崔	1	2	1					
高	3	2	1				1	
鲁	2	1	1	1	1			
梁	1	1						
宋	1	1						

（按宗族分行、按同出生地且年龄差在 15—60 岁之间的个体数分列。）

系中的连续性，完整的相关研究成果随后将会另行发表。对其中三个地方志进行研究而得的数据可以归纳为以下两张表格，从前文提及的其余地方志的一般调查情况中可以确定，这些表格具有一定典型性。

表 16　三个地方的社会流动

县名	传记总数	人物有亲属关系的传记	
镇海	334	142	42.0%
慈溪	739	359	48.5%
鄞县	1109	693	62.0%

第一张表格说明地方名人在多大程度上代代相承。"人物有亲属关系的传记"所统计的名人不仅包括父子祖孙，还有昆弟、父系堂兄弟。表格中显示的百分比不言自明——在这些区域里，名人生于显赫世家或是起于无名之家的可能性是差不多的。

第二张表格说明的情况更为具体。它的排列方式基本与表 15 的一致，除了它是基于地区而非按宗族填入数据的这一点。两张表格都说明了家族威望的连续性，但不同的是这张表格是基于事实，而非推断。该表采用了两种方式统计连续性。多数情况下，世代的记录是连续完整的，少数个例中的连续性却被某一代人打破了。如果父亲声名远扬，儿子籍籍无名，孙子重新扬名，这种情况被视为显赫持续了两代人。如果衰落持续了两代或两代以上，则被排除在连续性案例之外。如果家族几代人兴盛，几代人凋零，又几代人重振，这种情况就会被算作两个连续性案例。

此表所呈现的结果与表 15 类似，在三个地区中有 80% 的家族的兴盛发达持续了两三代人。

表 17 三个地方的显赫家庭

持续显赫的世代数	镇海县		慈溪县		鄞县	
	仅有独立传记的人数 [a]	有独立传记且其属传记中来被提及人数	仅有独立传记的人数 [a]	有独立传记且其属传记中被提及人数	仅有独立传记的人数 [a]	有独立传记且其属传记中被提及人数
2	15	38	69	122	100	170
3	9	10	20	44	38	79
4	3	7	3	9	6	30
5	2	3	3	5	3	26
6				3	3	14
7				2		5
8						7
9						2
总计	29	58	95	185	150	333

2、3 世代合计：镇海县 24（82.7%）、48（84.0%）；慈溪县 89（93.6%）、166（80.0%）；鄞县 138（92.0%）、249（74.7%）。

a 包括持续显赫仅隔一代的情况。

出版后记

　　二十世纪四十年代初，许烺光先生博士毕业后，应费孝通先生之邀到云南大学任教，并进入费先生主持的魁阁从事研究工作。在云南的这几年，许先生做了许多田野调查，最终写成《祖荫下》一书。这本书正如其标题所揭示的那样，紧紧抓住了传统中国的文化命脉。客观地说，《祖荫下》以翔实细致的笔调将变革前的遗迹定格了下来，是极其珍贵的民族志史料。

　　由于译者和编者的水平有限，书中难免存在错漏，敬请读者批评指正。

图书在版编目（CIP）数据

祖荫下：传统中国的亲属关系、人格和社会流动 /
(美) 许烺光著；王燕彬译. -- 北京：九州出版社，
2023.9（2024.6重印）

ISBN 978-7-5225-1884-8

Ⅰ.①祖… Ⅱ.①许… ②王… Ⅲ.①家庭社会学—
研究—中国 Ⅳ.①D669.1

中国国家版本馆CIP数据核字(2023)第109845号

著作权合同登记号：01-2023-4455

祖荫下：传统中国的亲属关系、人格和社会流动

作　　者	［美］许烺光　著　　王燕彬　译
责任编辑	张艳玲　周　春
出版发行	九州出版社
地　　址	北京市西城区阜外大街甲35号（100037）
发行电话	(010) 68992190/3/5/6
网　　址	www.jiuzhoupress.com
印　　刷	北京盛通印刷股份有限公司
开　　本	880 毫米 × 1194 毫米　　32开
印　　张	9
字　　数	211 千字
版　　次	2023 年 9 月第 1 版
印　　次	2024 年 6 月第 3 次印刷
书　　号	ISBN 978-7-5225-1884-8
定　　价	70.00元